Tilmann Haberer

EINEN WEITEN HIMMEL WÜNSCH ICH DIR

Tilmann Haberer

EINEN WEITEN HIMMEL WÜNSCH ICH DIR

Ein Lock-Buch ins Leben

Kösel
Calwer

Die Fotos in diesem Buch stammen von

FRANK MARDAUS

Augsburg.

Druck und Bindung: Kösel, Kempten
Umschlaggestaltung: Agentur Kosch, München
Umschlagmotiv: Robert Daly. Getty Images Deutschland, München
ISBN 3-466-36617-8 (Kösel)
ISBN 3-7668-3818-0 (Calwer)

Gedruckt auf umweltfreundlich hergestelltem Bilderdruckpapier
(säurefrei und chlorfrei gebleicht)

INHALT

7 MAGISCHE MOMENTE
21 ZU DIR SELBST KOMMEN
30 DER RUF
47 UNTERWEGS
57 JENSEITS VON EDEN
61 FREI
71 SEX AND DRUGS AND ROCK´N´ROLL
81 ES IST, WAS ES IST, SAGT DIE LIEBE
91 ALL DIE KLEINEN TODE ...
101 ... UND DER GROSSE TOD
110 IN SICH GEHEN
115 ZU HAUSE
120 ES MUSS DOCH MEHR ALS ALLES GEBEN
128 GUTE REISE!

FÜR MARIA

MAGISCHE MOMENTE

»Es war neulich in der Schule, als es durch einen Zufall in der Klasse mal für einen kleinen Augenblick wirklich ganz still war – bis dann einer losgelacht hat. Da habe ich es für einen Moment gespürt: Ich war in Harmonie mit allem. Ich fühlte mich geborgen, sicher, verstanden – so, als hätte es einen Sinn, dass ich da bin. Ich fühlte neuen Mut. Und das, wovor ich mich fürchte, schien unerreichbar fern.« So beschreibt SINA, 15, einen der magischen Momente, die wir manchmal – nicht sehr oft – erleben. In solchen Momenten ist das Glück vollkommen, und du kannst oft nicht einmal sagen, warum.

Natürlich gibt es manchmal auch Gründe, weshalb du dich so glücklich und eins mit allem fühlst. Wie zum Beispiel nach einer großen sportlichen Anstrengung, wenn dir etwas gelungen ist. MARK, 15, erzählt von der Mountainbike-Tour mit der Jugendgruppe nach Assisi: *»Dieser verflixte Berg nahm kein Ende. Seit Stunden quälte ich mich Serpentine für Serpentine hoch. Ohne Schatten, in der prallen Sonne Umbriens! ›Alles mit dem Körper erleben!‹ – tolles Motto! Langsam stieg der Frust in mir hoch. Bei 38 Grad am Ende meiner Kräfte ... ich war fertig! Ich biss die Zähne zusammen. Noch eine Runde, und dann ... Der Blick nach dieser Kurve raubte mir fast den Atem. Es war einfach umwerfend. Ich stieg ab, ließ mein Rad am Straßenrand liegen und bestaunte, was sich meinen Augen – oder vielleicht: meinem Herzen bot. Frag mich nicht, wie lange. Ich könnte keine Antwort geben. Als ich weiterradelte, war der Schmerz wie weg. Versteh mich nicht falsch, keine Wunderheilung – ich spürte meine Beine wie nie zuvor, aber der aggressive Schmerz war weg. Und ich hatte so viel Energie weiterzumachen, ich war erfüllt von Harmonie und Frieden.«*

Manchmal fühlst du dich vielleicht auch so ähnlich, wenn du dich gerade verliebt hast. Oder wenn ein Wunsch in Erfüllung geht, den du lange gehegt hast. Oder beim Tanzen, wenn du dich mit der Menge bewegst und die Musik deinen Körper durchflutet. In diesen magischen Momenten stimmt einfach alles. Einen Augenblick lang ist alles ganz klar und

Einverstanden mit allem

einfach. Es gibt keine Zweifel mehr, du bist einverstanden mit allem. Es sind sehr leise Gefühle, keine lauten, jubelnden. Und doch erlebst du in diesen Momenten vielleicht das tiefste Glück, dessen wir Menschen fähig sind.

»Meine magischen Momente«

Wenn es solche Momente des Glücks gibt, dann läge es doch eigentlich nahe, immer wieder nach diesen Erlebnissen zu suchen. Man könnte doch Übungen oder Techniken entwickeln, wie man derartige Momente finden kann. Oder eine Pille erfinden, die solche Glücksgefühle herstellt.

Es gibt Menschen, die suchen diese magischen Momente in extremen Situationen. Sie stürzen sich von einer Brücke 100 Meter in die Tiefe, nur durch ein Gummiseil gesichert, und erleben den wahnsinnigen Kick, der entsteht, wenn das Gefahrenhormon Adrenalin durch die Adern braust. Oder sie wedeln im Tiefschnee einen fast senkrechten Hang hinunter. Manche nehmen Drogen.

Totales Aufgehobensein

Das Problem dabei ist: Wir können zwar den »Kick« herbeiführen, wir können es erreichen, dass unser Körper von Hormonen durchflutet wird, die uns ein irres Hochgefühl geben. Aber wenn wir uns den Kick selbst geben durch Extremsportarten oder durch Drogen oder durch nächtelanges Abraven, dann besteht die Gefahr, dass wir süchtig werden. Denn der Kick lässt bald nach, und du willst ihn wieder haben. Und womöglich brauchst du eine größere Dosis davon. Vor allem aber: Der Adrenalinkick ist etwas anderes. Er hebt dich auch aus dem Alltag raus, aber er ist eher ein »lautes« Gefühl, ein Überschwang, eine Explosion. Die »leisen« Momente des totalen Aufgehobenseins, der Geborgenheit, des Einsseins – die können wir dagegen nicht machen. Das ist typisch für die magischen Momente. Sie treffen dich wie der Blitz aus heiterem Himmel. Du kannst sie nicht herbeizaubern – übrigens kannst du auch nichts dagegen tun. Sie sind einfach da, und dann sind sie wieder weg.

ASTRID, 16, erzählt: *»Das war, als ich zum ersten Mal über den See geschwommen bin. Ich wusste nicht, ob ich es schaffe, und es waren auch viele dabei, die haben es nicht gepackt und mussten ins Boot. Aber ich habe es geschafft, und als ich ankam, da war ich total glücklich, so total bei mir, und alles war gut. Ich war damals vielleicht zwölf, und seither bin ich noch ein paar Mal über den See geschwommen. Es war jedes Mal ein gutes Gefühl. Aber so stark, so absolut wie beim ersten Mal, so habe ich es nie wieder erlebt.«*

Und mir selbst ist es auch schon so gegangen. Einmal zum Beispiel, als ich ungefähr 17 war. Eines Nachmittags machte ich einen langen einsamen Spaziergang durch die Wälder um meine Heimatstadt. Ich verließ den Weg, ging einfach drauflos. So kam ich in ein Waldstück, in dem ich nie vorher gewesen war. Hohe, mächtige Buchenstämme, weit oben das Blätterdach, kaum Unterholz, dafür eine dicke Lage von altem, verrottendem Buchenlaub. Und da war es: ein namenloses Gefühl angekommen zu sein, ganz plötzlich und unvermittelt. Eine unbeschreibliche Gegenwart. Ein tiefes Verbundensein mit allem. Zehn Minuten vielleicht ging ich schweigend, ergriffen von diesem Ungreifbaren, dann war es vorbei. Ich hörte wieder die Vögel singen, spürte die Schwüle der Luft, hörte das Rascheln der Blätter unter meinen Füßen.

Tiefes Verbundensein

Hatte es etwas mit diesem Ort zu tun? Eine Woche später kehrte ich dorthin zurück, doch ich fand es nicht mehr, dieses Gefühl. Obwohl ich genau dieselben Wege ging, genau denselben Hang hinabrutschte – es war nicht mehr da. Ein paar Mal noch habe ich danach gesucht, bin immer wieder in dieses Waldstück gepilgert, doch es war weg und kam nicht wieder.

Ich habe mir damals gedacht: Dieses Gefühl, so fremdartig und auch ein bisschen erschreckend es war, das war so umwerfend – ich muss es wieder finden, wieder erleben. Das wäre doch sicher das Tollste im Leben, wenn ich dieses Gefühl des Aufgehobenseins immer wieder hätte. Wenn ich es möglichst gar nicht mehr verlieren würde.

Aber so funktioniert es offenkundig nicht. Ich kenne keinen Menschen, bei dem das so ist. Und inzwischen frage ich mich, ob es überhaupt Sinn hat, nach den Augenblicken der Einheit und Verbundenheit zu suchen. Oder ob sie nicht eine andere Bedeutung haben.

Ich glaube, es geht gar nicht darum, dass du ständig magische Momente erlebst. Das Ziel ist nicht, sozusagen aus deinem Leben einen einzigen magischen Moment zu machen. Du kannst zwar versuchen, offen zu sein dafür, wenn sich ein solches Erlebnis ereignet. Aber du kannst es nicht machen. Du kannst eigentlich nicht einmal danach suchen. Das heißt, das stimmt nicht ganz. Es gibt Gesellschaften, da werden die Jugendlichen losgeschickt, um ein solches Erlebnis zu suchen. Aber das geschieht nur einmal im Leben, in der Pubertät. Allenfalls wenn ganz wichtige Lebensentscheidungen anstehen, gehen manche auch als Erwachsene noch mal auf die Suche.

Bei den Indianern Nordamerikas zum Beispiel war das so (und ist es teilweise noch). Wenn ein Junge (bei manchen Stämmen gilt das auch für die Mädchen) erwachsen wird, zieht er los, in den Wald, auf einen Berg, in die Wüste – auf alle Fälle allein. Er verbringt viele Tage und Nächte draußen, fastet, lebt in und mit der Natur und – wartet. Er wartet auf seine »Vision«, in der ihm sein »Totemtier« oder »Krafttier« erscheint. Diese »Visionssuche« ist nichts anderes als die Vorbereitung auf einen magischen Moment. In den allermeisten Fällen ist es dann irgendwann so weit. Die Tür zu der anderen Welt »hinter« oder »neben« oder »über« der normalen Welt öffnet sich für einen Spalt, und der Junge (oder das Mädchen) erlebt die Einheit, die Gegenwart des ganz Anderen. Dann weiß der junge Mensch nicht nur im Kopf, dass alles mit allem verbunden ist – wie das seine Religion lehrt –, er oder sie hat es nun selbst erlebt. Und er oder sie hat erfahren, was seine/ihre besondere Lebensaufgabe ist, er oder sie hat einen neuen Namen erhalten oder sich selbst gegeben. Mit diesem Erlebnis und dem neuen Namen im Gepäck tritt er oder sie den Heimweg an und gehört fortan als vollwertiges, erwachsenes Mitglied zum Stamm.

Meine Vision

Darin, glaube ich, liegt der eigentliche Sinn der magischen Momente. Es kommt mir so vor, als wollten sie uns sagen: »Hey, wach auf! Es gibt noch mehr im Leben! Mehr als alles das, womit du dich den ganzen Tag über beschäftigst!« Es ist, als wären sie wie ein Ruf. Ein Ruf, aufzubrechen zu neuen Ufern, wirklich erwachsen und selbstständig zu werden. Wir werden gerufen, unsere Freiheit zu erkennen und zu ergreifen, unser eigenes Leben zu entdecken und es zu leben – statt uns leben zu lassen.

ASTRID hat mir nicht nur von ihrer Seeüberquerung erzählt, sondern auch von einem anderen magischen Moment in ihrem Leben: *»Ich war mit der Jugendgruppe in Griechenland, und eines Abends saßen wir alle am Strand, um diesen gigantischen Sonnenuntergang anzuschauen. Ich hatte mich mit meiner Freundin gestritten, oder vielmehr, wir waren noch mittendrin im Streiten. Aber dann ging die Sonne unter, und es gab dieses wahnsinnige Farbenspiel, und auf einmal fühlten wir uns beide irgendwie umhüllt. Dieser Himmel war etwas ganz besonders Schönes, und solange ich den so gesehen habe, war ich ein bisschen wie von mir selber weggerückt. Gedacht habe ich nicht viel, ich hab nur dagesessen und mich eingehüllt und geborgen gefühlt. Irgendwie habe ich einen Bezug zu allem gespürt, und auch das, was einem sonst negativ erscheint, kam mir richtig und gut vor.«*

Und von ANDI, 16, habe ich den folgenden Bericht: *»Ich saß allein auf dem Bahnsteig im S-Bahnhof, die Sonne schien auf die Graffiti auf dem Gebäude gegenüber, und auf einmal hatte ich das Gefühl: Das ist alles gar nicht so wichtig. Es gibt noch viel mehr als all das, was mich normalerweise so umgibt und beschäftigt. Und alles wird gut. Ja:*

Alles ist gut oder es wird gut, du kannst gar nichts falsch machen, und du hast noch viele Möglichkeiten. Das war nicht bloß ein Gefühl, es war stärker als ein Gefühl, viel universeller. Es hat mich irgendwie umgeben.«

Fenster in eine andere Welt

Es ist, als würde sich in diesen Augenblicken so etwas wie eine Tür oder ein Fenster öffnen in eine andere Welt, die »hinter« oder »neben« unserer Welt besteht. Das wäre eine Welt, die weiter ist als unsere, die unsere umschließt, und in der viel mehr möglich ist als auf unserer beschränkten Erde. Eine Welt, in der das, was uns negativ erscheint, doch seinen Sinn hat – so wie Astrid und Andi es erlebt haben. Eine Welt, in der letztlich alles gut ist. Es wäre die Welt, von der die Religionen sprechen.

Alle Religionen kennen Berichte von Menschen, die einen Blick in jene andere Welt geworfen oder einen Ruf aus ihr gehört haben.

Buddha

Von *Buddha* wird erzählt, dass ihm die Erleuchtung kam, während er unter einem Baum saß. Ihm ging etwas auf, was er durch langes Nachdenken und viele verschiedene Wege der Weisheitssuche nicht hatte erkennen können, nämlich dass Leben immer Leiden bedeutet und dass man das Leiden dadurch überwindet, dass man sich nicht an die Dinge dieser Welt hängt, wie Erfolg, Geld, Ansehen und so fort.

Mohammed

Auch *Mohammed* war allein in der Natur, so wird im Koran berichtet, in der heiligen Schrift der Muslime. Er hatte sich vor der Mittagshitze in eine Höhle zurückgezogen. Da begegnete ihm ein Engel, begann, ihm Gottes Willen bekannt zu geben, und wies ihn an, alles aufzuschreiben, was er erfuhr.

Mose

Von *Mose,* auf den die jüdische Religion zurückgeht, gibt es mehrere Geschichten, die sich anhören wie Berichte von magischen Momenten. Einmal ist er in der Wüste und sieht dort einen Dornbusch, der in Flammen steht und doch nicht verbrennt. Als er näher hingeht, um diese seltsame Erscheinung zu betrachten, hört er eine Stimme, die ihm den Auftrag gibt, das Volk Israel aus der Sklaverei zu führen. Später, als er diesen Auftrag ausgeführt hat und mit dem ganzen Volk durch die Wüste zieht, zieht er sich 40 Tage lang auf einen Berg zurück und bekommt dort die so genannten Zehn Gebote.

Wahrscheinlich sind so oder so ähnlich alle Religionen entstanden:

Als er noch ein junger Mann war, ging der Urahn in die Wildnis. Und dort begegnete ihm »Etwas«. Keinen Namen hatte es, keine Gestalt, keine Stimme. Und doch war es DA. Packte ihn, schüttelte ihn, wirbelte ihn durcheinander. Er wusste nicht, wie ihm geschah, doch als es vorüber war, war er ein anderer. Er hatte keine Angst mehr, vor nichts und niemand. Was er gesehen hatte, war größer als alles, wovor man Angst haben kann. Oft ertrug er das Geschwätz der anderen nicht mehr. Immer wieder war er ohne Grund fröhlich, lachte und sang vor sich hin, und er dichtete viele Lieder, die er die anderen lehrte. Manchmal war er sehr ernst. Wenn zwei Streit hatten, ging er hin zu ihnen und schlichtete. Er war weise und stellte Regeln auf, die allen einleuchteten. Manchmal fragte ihn jemand: Woher kommt deine Weisheit? Und er sagte: Ich habe »Etwas« gesehen, und seitdem weiß ich, dass ich keine Angst zu haben brauche. Ich weiß, dass wir alle Schwestern und Brüder sind, dass wir eins sind. Deswegen darf keiner dem anderen Unrecht tun, keiner darf den anderen verletzen oder ihm etwas wegnehmen.

Die anderen staunten über seine Worte, denn bis dahin hatten andere Regeln unter ihnen gegolten. Und sie sagten: Das, was ihm begegnet ist, muss eine sehr große Macht haben. Das muss ein großer Gott sein. Wir wollen diesem Gott dienen. Wir wollen die Regeln befolgen, die er uns gibt. Denn wenn sie von einem so großen Gott stammen, dann müssen sie richtig sein.

Die Regeln galten weiter, auch als der gestorben war, der sie aufgestellt hatte. Sie bekamen unumstößliche Bedeutung. Wenn die Kinder fragten: Von wem stammen die Gesetze?, dann bekamen sie zur Antwort: Von einem großen Gott. Er ist unserem Urahn erschienen und hat zu ihm gesprochen. Mit der Zeit wurden die Berichte ausgeschmückt, wie das eben so geschieht. Es wurden Engelerscheinungen hinzugefügt, Rauch und Donner und Erdbeben. Und so wurde das Ganze schließlich in die heiligen Schriften aufgenommen.

WO GEH ICH HIN?

Wo geh ich hin,
folg ich den Wolken?
Wo ist der Weg, den ich nicht seh?
Wer weiß die Antwort auf meine Frage,
warum ich lebe – und vergeh ...?

Wo geh ich hin?
Folg ich den Kindern?
Sehn sie den Weg, den ich nicht seh?
Gibt mir ihr Lächeln etwa die Antwort
warum ich lebe – und vergeh ...?

Folg ich dem Winde?
Folg ich dem Donner?
Folg ich dem Neon,
das leuchtet im Blick derer,
die lieben?
Tief in der Gosse,
hoch unter Sternen
kann Wahrheit sein!

Wo geh ich hin?
Sagt mir: Wo geh ich hin?
Wo geh ich hin, geh ich hin?
Sagt, worin liegt der Sinn?

Aus dem Musical »Hair«

Du wirst nun vielleicht einwenden: Das sind doch alles ganz andere Geschichten. Klar, ich habe auch meine magischen Momente erlebt. Aber ich hatte keine tollen Erkenntnisse, zu mir hat niemand gesprochen, und ein Engel war da schon gar nicht.

Das ist auch ganz normal. Es kommt nur sehr selten vor, dass jemand wirklich konkrete Erscheinungen zu sehen oder Worte zu hören meint. Und bei den Geschichten aus der Bibel oder aus den anderen Religionen kann man wohl da-

von ausgehen, dass sie nachträglich ausgeschmückt und weitergesponnen worden sind. Die Menschen merkten, dass *Buddha, Mohammed, Moses* oder *Jesus* ihnen ganz wichtige und wesentliche Dinge zu sagen hatten. Und sie wussten, dass diese so genannten Heiligen sich oft in die Einsamkeit zurückzogen. So wuchsen die Geschichten fast von selbst. Mag sein, dass *Mohammed, Mose* oder *Abraham* wirklich Engel gesehen haben. Aber das muss nicht so gewesen sein.

Mehr als Alltag

Viel häufiger ist es, dass jemand nach einem starken magischen Moment sagt: Ich weiß nicht, was passiert ist, aber irgendwie bin ich anders geworden. Da ist eine Sehnsucht in mir angerührt worden oder eine Ahnung, dass es mehr geben muss als nur Beruf und Familie und Geldverdienen und irgendwann mal Rente und Altersheim. Irgendwie habe ich den Eindruck, als sei eine Tür einen kleinen Spalt aufgegangen. Ich habe nicht hindurchschauen

**Ein magischer Moment kann dich
auf die Spur setzen,
auf der du dich selbst besser
kennen lernst – und
er kann die Frage
nach Gott wecken.**

können, aber ein Lichtstrahl ist herausgefallen. Da muss irgendwie noch mehr sein, etwas, das größer oder tiefer oder weiter ist als der normale Alltag.

Die meisten Menschen vergessen solche Ahnungen ganz schnell wieder. Denn sie könnten unser normales, alltägliches Leben durcheinander bringen, sie könnten ja bedeuten, dass ich mich tatsächlich aufmachen muss, auf die Suche nach dem, was da so wie eine kurze Ahnung aufgeblitzt ist.

Dabei ist es sehr lohnend, auf der Spur dieser kurzen Ahnung zu bleiben. Es könnte sogar die lohnendste Aufgabe deines Lebens werden. Was ist das denn, was da aufgeblitzt ist? Was ist das, dieses »Mehr«?

Einmal: Es ist, wie oben schon angedeutet, als ob sich in solchen Momenten etwas davon zeigt, wer ich in Wahrheit bin oder wer ich sein könnte. Und das, finde ich, ist eine der spannendsten Fragen, die sich ein Mensch stellen kann:

Wer bin ich eigentlich? Wer bin ich, tief drin, in meinem Kern? Nicht die Maske, die ich nach außen zeige, nicht die verschiedenen Rollen, die ich so den lieben langen Tag spiele: Schülerin, Tochter, Freundin, die Witzige, die Nachdenkliche, die Zickige ... Was ist mein innerster Kern, mein wahres Ich?

Sehr oft schließt sich daran noch eine ganze Reihe von weiteren Fragen an:

Woher komme ich? Wohin gehe ich, wenn ich diese Welt verlasse? Was hat mein Leben für einen Sinn? Und schließlich: Gibt es so etwas wie Gott? Wer ist denn dieser Gott? Wer ist Gott für mich?

Das ist eine eigenartige Erfahrung, die sehr viele Menschen gemacht haben: Auf der Suche nach sich selbst haben sie Gott gefunden. Und umgekehrt: Auf der Suche nach Gott haben sie sich selbst gefunden, ihr wahres Selbst.

Als ich ein Kind war, dachte ich wie ein Kind und hatte Ideen wie ein Kind. Jetzt bin ich erwachsen. Ich habe das Kindliche abgelegt und denke wie ein Erwachsener.

Paulus im 1. Korintherbrief, Kap. 13

Das große Ja zu dir

Es kann dir sogar so vorkommen, als habe Gott dich berührt oder direkt angesprochen. Das ist dann aber nicht der alte Mann mit dem weißen Bart, der oben in den Wolken sitzt und streng oder gütig auf uns herabblickt. An einen solchen Gott hast du (vielleicht) als Kind geglaubt. In einem solchen Erlebnis begegnet dir Gott anders: als der tiefste Grund von allem, was existiert. Als die Macht, die hinter allem steht. Als die umfassende Liebe, das große Ja zu dir und zur Welt. Und ganz sicher als Geheimnis.

ZU DIR SELBST KOMMEN

Die Zeit, in der wir leben, und mit ihr die Menschen sind an einem ganz entscheidenden Punkt krank: Wir können nur schwer bei uns selbst sein. Wir halten es mit uns nicht aus – wir können nicht allein sein, und wir können keine Stille ertragen. »Fun« ist angesagt, und »Fun« ist praktisch immer mit Krach verbunden. Überall dudelt Musik, sogar auf dem Klo in der Kneipe oder auf dem Bahnsteig im Hauptbahnhof. Ablenkung überall, doch wovon wird abgelenkt?

> Wohin kann ich gehen, um dir zu entrinnen,
> wohin fliehen, damit du mich nicht siehst?
> Steige ich hinauf in den Himmel – du bist da.
> Verstecke ich mich in der Totenwelt – dort bist du auch.
> Fliege ich dorthin, wo die Sonne aufgeht,
> oder zum Ende des Meeres, wo sie versinkt:
> Auch dort wird deine Hand nach mir greifen,
> auch dort lässt du mich nicht los.
> Sage ich: »Finsternis soll mich bedecken,
> rings um mich werde es Nacht« –,
> für dich ist Finsternis nicht dunkel,
> und die Nacht ist so hell wie der Tag.
>
> Psalm 139, 7–12

Eine wichtige Erkenntnis aus alten Zeiten lautet: Du kannst dich selbst nur finden, und du kannst Gott nur finden, wenn du wirklich anwesend bist. In der Realität. In der Gegenwart. Denn dein Leben spielt sich jetzt ab, nur jetzt und hier, nirgendwo sonst. Nicht in der Zukunft, die ist noch nicht da. Nicht in der Vergangenheit, die ist vorbei. Du findest dich selbst auch nicht in Wunschträumen und Illusionen. Das Einzige, was wirklich existiert, ist die Gegenwart, die Realität. Und auch Gott findest du nicht irgendwo in der Fantasie. Wenn es Gott gibt, ist er absolut gegenwärtig. Immer. Nur wir Menschen sind so oft anderswo – eigentlich ständig. Wir verlieren uns in Erinnerungen, in Befürchtungen, in Wunschvorstellungen. Und kaum einmal sind wir voll und ganz in der Realität, hier und jetzt. Wahrscheinlich finden deswegen so wenig Menschen Gott, weil sie mit ihren Gedanken und Gefühlen ständig anderswo sind. Gott ist da. Bin ich auch da? Das ist die entscheidende Frage.

Die ernüchternde Antwort: Meistens bin ich nicht da. Zwar bin ich körperlich anwesend, aber fast immer werde ich abgelenkt, oder ich lenke mich selbst ab. Wann bist du schon einmal ganz für dich allein – ohne dass Musik läuft oder die Glotze? Ohne dass du liest oder telefonierst oder dich mit irgendwas beschäftigst? Wann kannst du dich ganz auf dich selbst konzentrieren und auf sonst nichts? In unserer Zeit ist das fast unmöglich. Du musst dazu Gelegenheiten schaffen, denn von selbst ereignet sich das nicht, dass du ohne Ablenkungen ganz für dich bist. Von allen Seiten werden wir normalerweise zugedröhnt, oder wir dröhnen uns selbst zu. Mit dröhnender Musik, mit der vollen Dröhnung aus Alk oder Gras oder anderen Drogen, oder ganz einfach mit dem Geschwätz und Getue des Alltags.

**Zu dir kommen kannst du nur in der Stille.
In einer Umgebung,
die dich nicht ständig nach draußen zieht.
Wo du wirklich in dich gehen, deine eigene Mitte suchen –
und finden kannst.**

Deswegen gehen die Indianer zur Visionssuche in die Wildnis und fasten, damit sie durch nichts und niemand abgelenkt sind von der Wahrnehmung ihrer selbst, von ihren Ängsten, ihren Gefühlen, ihrer puren Existenz. Deswegen gehen die Sadhus, die »heiligen Männer« in Indien in die Wälder, deswegen ging Jesus in die Wüste. Dort, allein in der Stille, gibt es keine Möglichkeit mehr, auszuweichen und sich wegzubeamen mit irgendwelchen Zerstreuungen. Dort ist nur noch das nackte Ich mit sich allein.

Aber bei uns gibt es keine Wildnis mehr, es gibt keine Wüste, es gibt kaum noch Wälder. Was kannst du tun, wenn du auf der Suche bist nach dir selbst und vielleicht nach Gott? Wohin kannst du gehen? Ich möchte dir einige Anregungen und Hinweise geben, wie du mitten in unserem hektischen und geschäftigen Leben Orte der Stille und der Begegnung mit dir selbst finden kannst.

Visionssuche

➤ Es gibt zum Beispiel tatsächlich die Möglichkeit, eine Visionssuche mitzumachen. Aus Amerika kommend, hat sich diese Art, mit sich selbst in Kontakt zu geraten, auch in Deutschland verbreitet. Es gibt Seminare, bei denen Jugendliche zwischen 16 und 20 Jahren drei Tage allein in der Natur fasten. Diese Zeit ganz allein mit sich selbst wird eingerahmt von mehreren Tagen der Vorbereitung und der Nachbereitung. Das Ganze ist eine sehr intensive Erfahrung, die für viele Teilnehmerinnen und Teilnehmer eine große Hilfe ist, sich selbst und ihren Weg im Leben zu finden.[1]

Taizé

➤ Ebenfalls sehr intensiv, aber in eine andere Richtung, kann ein Aufenthalt in Taizé wirken. Taizé ist ein kleines Dorf in Burgund, in der Nähe von Mâcon. Dort hat kurz nach dem Zweiten Weltkrieg ein junger Theologiestudent namens Roger Schutz eine klosterähnliche Lebensgemeinschaft gegründet. Inzwischen leben dort 90 Männer aus 25 Nationen und unterschiedlichen Konfessionen, und im Nachbardorf ist eine Lebensgemeinschaft von Frauen entstanden. Seit 1975 lädt die Gemeinschaft Jugendliche aus aller Welt zum »Konzil der Jugend« ein. Einzeln oder in Gruppen kommen diese Jugendlichen – im Sommer zwischen 3000 und 6000 pro Woche aus ungefähr 80 Ländern – und leben eine oder mehrere Wochen in der Gemeinschaft mit. Neben der Begegnung mit Leuten aus aller Herren Ländern und den Gesprächsgruppen, bei denen es um wichtige Fragen des Lebens und des Glaubens geht, sind die meisten Teilnehmer vor allem von den Gebetszeiten in der Kirche beeindruckt. Eine große Halle, sehr schlicht eingerichtet und ohne viel Schmuck, statt Stühlen oder steifen Kirchenbänken ein mit Teppich ausgelegter Boden, auf dem die Menschen sitzen oder knien. In verschiedenen Sprachen werden kurze Bibelstellen gelesen und Gebete gesprochen, es herrscht viel Stille, in der du dich in dich selbst versenken kannst. Das Schönste bei diesen Gebetszeiten sind die Gesänge. Manche kennst du vielleicht. Es sind kurze Lieder, nur zwei oder vier Zeilen, aber mehrstimmig gesetzt. Sie werden immer wiederholt, ein, zwei Dutzend Mal, und man kann sich in die Musik, in die Gesänge geradezu einhüllen wie in einen Umhang. Viele Jugendliche machen in Taizé Erfahrungen, die ihr ganzes Leben prägen.

[1] Infos dazu findest du in dem Buch »Vision Quest« von Sylvia Koch-Weser und Geseko von Lüpke, Ariston Verlag Kreuzlingen/München 2000, oder unter www.visions-suche.de

»MEINE HOFFNUNG UND MEINE FREUDE«

Meine Hoffnung und meine Freude,
meine Stärke, mein Licht:
Christus, meine Zuversicht,
auf dich vertrau ich und fürcht mich nicht,
auf dich vertrau ich und fürcht mich nicht.

➤ Vielleicht fährt in deiner Stadt oder in deinem Dekanat in diesem Sommer eine Gruppe nach Taizé, der du dich anschließen kannst. Oder du sprichst deinen Pfarrer oder deinen Jugendleiter darauf an, ob die jemand kennen, der eine solche Fahrt organisiert – oder vielleicht lassen sie sich selbst motivieren, mit einer Gruppe Taizé zu besuchen. Wenn du dich erst einmal informieren willst, kannst du die ausführliche Website www.taize.fr/de besuchen.

Wüstentag

Vielleicht versuchst du es aber auch erst mal mit einem Wüstentag. Das ist ein Tag, an dem du – ganz allein – irgendwo in die Natur gehst, ohne Ziel, ohne Pläne. Nur du allein, ein bisschen Proviant, ein Tagebuch und ein Stift, von morgens bis abends. Wenn du einen Tag lang ohne Ziel und ohne Absicht durch die Natur streifst, kannst du schon einen guten Teil des täglichen Mülls loswerden, der deine Seele abschottet. Und du spürst deinen Körper. Die Blasen an den Füßen, die Schmerzen in den Beinen vom ungewohnten Wandern halten dich in der Gegenwart. Du kannst dir einen schönen Platz suchen – unter einem Baum, an einem Aussichtspunkt, an einem Bach – und dort ein paar Stunden bleiben. Schau dir alles genau an, hör hin, rieche und taste. Nimm alles wahr, was deine Sinne dir mitteilen. Versuche, den Verstand für eine Weile draußen zu lassen, der immer gleich alles beurteilen will. Versuche, die Gedanken, die irgendwohin wegfliegen wollen, sein zu lassen, und kehre immer wieder zurück in die Gegenwart, an den Ort, wo du gerade bist, zur Wahrnehmung deiner schmerzenden Blasen, des Käfers, den du gerade betrachtest, zum Rauschen des Windes in den Bäumen oder zu den Regentropfen auf deiner Haut. So ein Wüstentag kann eine gute Übung sein, zu dir selbst zu kommen. Am besten ist es natürlich, wenn du dir nicht nur einmal so einen Tag gönnst, sondern immer wieder einmal.

Regeln zum Wüstentag

Suche dir einen Tag, an dem du von Verpflichtungen und Terminen frei bist. Wenn nötig, sag etwas ab! Es soll dein Tag werden. Die wichtigste Vorbereitung ist der feste Entschluss, dir diesen Tag zu gönnen. Leg schon am Vorabend ein paar Dinge bereit:

1. etwas Proviant (Brot, Käse, Äpfel, Wasser),
2. dein Tagebuch oder einen Block und Stifte,
3. gute, bequeme Schuhe,
4. Regenschutz.

Am Morgen brichst du auf, auch wenn das Wetter zweifelhaft ist. Fahr irgendwohin, hinaus aus der Stadt, oder geh vors Dorf. Dann geh einfach über Land. Du brauchst dir keine große Wanderung vorzunehmen. Kein festes Ziel, das du erreichen musst. Keine sportliche Höchstleistung! Eher einen Tag »Leben in Zeitlupe«. Geh einfach vor dich hin. Atme, atme auf, atme tief durch. Es wird nichts Außergewöhnliches geschehen, du besuchst keine Sehenswürdigkeiten, du schaust und riechst und tastest und fühlst einfach das, was da ist. Die einfachen Dinge des Lebens, das, was dich zum Menschen macht, können dir heute ins Bewusstsein kommen: der aufrechte Gang, das Nachdenken und Mitfühlen, die Gelassenheit, das Lächelnkönnen, das Verweilen. Für ein paar Stunden bist du weg von den Menschen, bist bei dir selbst zu Gast ...

(Nach: Bruno Dörig, Schenk dir einen Wüstentag, Verlag am Eschbach, 1984 – leider vergriffen)

Und »einfach so«, zwischendurch immer wieder, kannst du versuchen, dich zu erinnern, wie das war, als du ein Kind warst. Kinder können ja über alles staunen, sie sind noch lang nicht so abgebrüht und zugeschüttet wie die »Großen«. Vielleicht magst du einfach mal wieder eine Stunde lang wie ein Kind sein: Schnecken und Steine sammeln, auf einen Baum klettern, mit den Füßen durch das Herbstlaub rascheln, in Pfützen springen – all das, was in unserer »erwachsenen« Gesellschaft mit Kopfschütteln bedacht wird.

Kind sein

Wenn du es etwas methodischer magst: Die Anregungen auf den folgenden Seiten kannst du ebenfalls ausprobieren, wenn du »nur« für ein, zwei Stunden in der Natur bist. Dabei ist es wichtig, dass du etwas abseits von den Menschen gehst, denn nichts ist störender für diese Übungen als das Gefühl, dass dich jemand misstrauisch beobachtet oder für einen Spinner hält. Andererseits kann für Großstadtmenschen auch ein langer Spaziergang an der Außenalster, im Englischen Garten, in den Rheinauen oder im Grunewald eine Möglichkeit sein, wenigstens etwas abzuschalten und zu sich zu kommen. Die Natur hat immer eine heilende Wirkung, wenn wir uns ihr öffnen. Je ursprünglicher und unberührter die Natur ist, desto stärker ist diese heilende Kraft – aber die Bäume und Wiesen im Stadtpark können auch schon helfen.

In der Natur sein

Beobachtungsaufgaben in der Natur

➤ Geh in die Natur hinaus und spaziere so, wie du es gewohnt bist. Dann geh immer langsamer und bleib stehen. Schau dir zum Beispiel einen Baum an. Lass den Baum auf dich wirken. Kaum hast du angefangen, auf ihn zu schauen, kommt dir ein Gedanke – sagen wir einmal: Wie alt könnte dieser Baum sein? Das ist eine Frage, die vom Verstand, vom Kopf ausgeht. Damit hast du dich auf die Ebene des Denkens begeben. Du bist nicht mehr in der reinen Wahrnehmung. Merkst du es, kommst du zur Empfindung zurück. Lasse den Baum weiter auf dich wirken. Unmerklich kommt dann vielleicht die Frage nach dem Gesundheitszustand dieses Baums und der Umweltzerstörung. Du bist wieder im Kopf – und kommst wieder zur Wahrnehmung zurück.

➤ Dann hörst du einem Vogel zu. Nicht, um zu wissen, wo der Vogel sitzt oder wie er heißt, sondern um das Zwitschern auf dich wirken zu lassen.

➤ Du achtest auf ein wenig Erde, die du in die Hände genommen hast. Bleib bei der Empfindung. Wenn du dich zerstreust, komm zur Wahrnehmung der Erde zurück. Lass dich nicht von deinem Verstand verführen – denn leicht wird die Frage auftauchen, seit wann du zerstreut bist, warum du dich zerstreust und welcher Gedanke es ist, der dich ablenkt. Das alles braucht dich nicht zu interessieren. Wichtig ist, dass deine Aufmerksamkeit weiter bei der Wahrnehmung bleibt.

➤ Die Tatsache, dass du dich zerstreust, ist nicht schlimm. Sobald du es merkst, kehrst du zurück, ohne darüber zu reflektieren, wie lange und warum du zerstreut warst.

➤ Mit der Wahrnehmung kommt auch eine völlig neue Erfahrung: Du brauchst nichts zu erreichen. Es gibt keinen Leistungsdruck, der sonst oft dein ganzes Leben bestimmt und dich einengt. Du kannst einfach da sein.

➤ Bleib im Kontakt mit der Natur. Du kannst den blauen Himmel betrachten, auf das Rauschen eines Baches hören, den Ameisen zuschauen, über die Schönheit einer Blume staunen, den Wind auf deinem Gesicht spüren oder das Spiel der Wolken auf dich wirken lassen. Wenn du von weit her oder auch ganz nah das Geräusch eines Autos hörst, kannst du auch das einfach wahrnehmen. Wichtig ist, dass du nichts beurteilen oder verändern willst, sondern alles so aufnimmst, wie es dir begegnet.

➤ Es könnte passieren, dass du dich langweilst. Die Langeweile ist ein Gefühl, das du dir anschauen kannst. Wie spürst du diese Langeweile? Diese Frage kann deine Aufmerksamkeit nach innen lenken und dich zur Wahrnehmung deiner Langeweile führen. Dann bist du wieder bei der Empfindung. Nach einer kurzen Weile wendest du dich wieder dem Kontakt mit der Natur zu.
Diese rein betrachtende Haltung kann dich zu einer erstaunlichen Gelassenheit führen. Alles, was da ist, darf da sein. Du brauchst nichts zu ändern. Du kannst alles so stehen lassen, wie es ist.[2]

Wer diese Übung öfters macht, kann etwas von dieser Gelassenheit mit in seinen Alltag nehmen.

[2] Nach: Franz Jalics, Kontemplative Exerzitien, Echter Verlag Würzburg, 3. Auflage 1995, S. 38f.

DER RUF

DER RUF

Die magischen Momente sind der Ruf, dein Leben selbst zu leben, statt dich leben zu lassen. Sie können dich aufrütteln aus dem alltäglichen Trott, indem sie dir zeigen: Da gibt es noch mehr. Mehr Leben. Mehr als alles. Sie setzen dich auf eine Spur, die dein Leben verändern kann. Sie können so etwas werden wie ein Wegweiser, wie eine Überschrift über ein neues Kapitel in deinem Leben.

Wie findest du den Weg?

Doch wie findest du den Weg? Wie kommst du dahin, dein Leben selbst zu leben, statt dich leben zu lassen? Wie kannst du zu dem Menschen werden, der du in Wahrheit bist? Diese Frage ist so alt wie die Menschheit, und es ist interessant, dass sie meistens mit Geschichten beantwortet wurde. Nicht mit gelehrten Abhandlungen oder Erörterungen (die gibt es natürlich auch, aber sie scheinen nicht viel zu helfen), sondern mit Geschichten. Viele Märchen zum Beispiel sind eigentlich gar keine Kindergeschichten, sondern sie erzählen davon, wie ein Mensch er oder sie selbst werden kann.

Diese Geschichten erzählen nicht, was ein bestimmter Mensch irgendwann einmal in einer bestimmten Zeit an einem bestimmten Ort tatsächlich erlebt hat. Sondern sie erzählen, wie es »den Menschen« geht. Zu allen Zeiten, an allen Orten. Sie sind nicht »wahr« in dem Sinn, wie ein Zeitungsbericht »wahr« ist. Aber sie sind in einem ganz anderen Sinn wahr: Sie beschreiben Erfahrungen, die du selbst auch genauso oder so ähnlich machen kannst. Und sie helfen dir, besser zu verstehen, was du selbst erlebst. Alle Völker haben solche Erzählungen, Sagen und Märchen. Auch viele Geschichten in der Bibel kann man so sehen. Wenn du sie wirklich verstehen willst, reicht es nicht, sie einmal kurz durchzulesen, so wie man einen Abenteuerroman durchliest. Da möchtest du möglichst schnell durchkommen, weil du wissen willst, wie's ausgeht. Bei den Menschengeschichten kommt es nicht so sehr darauf an, wie sie ausgehen. Viel wichtiger ist, was die Hauptpersonen erleben, wer oder was ihnen begegnet und was ihnen aufgeht im Lauf der Zeit.

Was ich dir jetzt erzählen möchte, ist auch solch eine Geschichte. Du kennst sie wahrscheinlich aus dem Religionsunterricht. Man nennt sie die Geschichte vom »Verlorenen Sohn« – ich finde allerdings, dass diese Überschrift nicht besonders gut passt. In den folgenden Kapiteln wird vielleicht deutlich, warum.

Jesus erzählte: Ein Mann hatte zwei Söhne. Der Jüngere sagte: »Vater, gib mir den Teil der Erbschaft, der mir zusteht!« Da teilte der Vater seinen Besitz unter die beiden auf. Nach ein paar Tagen machte der Jüngere seinen ganzen Anteil zu Geld und zog in die Fremde. Dort lebte er in Saus und Braus und verjubelte alles. Als er nichts mehr hatte, brach in jenem Land eine große Hungersnot aus; da ging es ihm schlecht. Er fand schließlich Arbeit bei einem Bürger des Landes, der schickte ihn zum Schweinehüten aufs Feld. Er war so hungrig, dass er auch mit dem Schweinefutter zufrieden gewesen wäre; aber selbst das verwehrte man ihm. Endlich ging er in sich und sagte: »Die Arbeiter meines Vaters bekommen mehr, als sie essen können, und ich werde hier noch vor Hunger umkommen. Ich will zu meinem Vater gehen und zu ihm sagen: Vater, ich bin vor Gott und dir schuldig geworden; ich verdiene es nicht mehr, dein Sohn zu sein. Nimm mich als einen deiner Arbeiter in Dienst!«

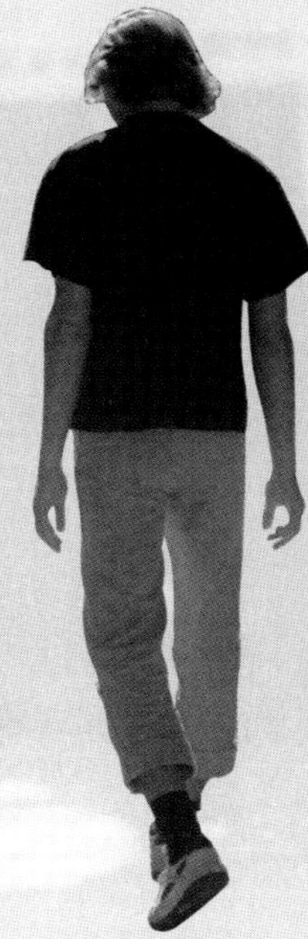

So machte er sich auf den Weg zu seinem Vater. Der sah ihn schon von weitem kommen, und voller Mitleid lief er ihm entgegen, fiel ihm um den Hals und küsste ihn. »Vater«, sagte der Sohn, »ich bin vor Gott und dir schuldig geworden; ich verdiene es nicht mehr, dein Sohn zu sein!« Aber der Vater rief seine Diener: »Schnell, holt das beste Kleid für ihn, steckt ihm einen Ring an den Finger und bringt ihm Schuhe! Wir wollen ein Fest feiern und uns freuen! Mein Sohn hier war tot, jetzt lebt er wieder. Er war verloren, jetzt ist er wieder gefunden.« Und sie begannen zu feiern.

Der ältere Sohn war noch auf dem Feld. Als er zurückkam und sich dem Haus näherte, hörte er das Singen und Tanzen. Er rief einen Diener herbei und fragte, was da los sei. Der sagte: »Dein Bruder ist zurückgekommen, und dein Vater hat das Mastkalb schlachten lassen, weil er ihn gesund wieder hat.« Da wurde der ältere Bruder zornig und wollte nicht ins Haus gehen. Schließlich kam der Vater heraus und redete ihm gut zu. Aber der Sohn sagte zu ihm: »Du weißt doch: All die Jahre habe ich wie ein Sklave für dich geschuftet, nie war ich dir ungehorsam. Was habe ich dafür bekommen? Mir hast du nie auch nur einen Ziegenbock gegeben, damit ich mit meinen Freunden feiern konnte. Aber der da, dein Sohn, hat dein Geld mit Huren durchgebracht; und jetzt kommt er nach Hause, da schlachtest du gleich das Mastkalb für ihn.« »Mein Sohn«, sagte da der Vater, »du bist immer bei mir, und dir gehört alles, was ich habe. Wir konnten doch gar nicht anders als feiern und uns freuen. Denn dein Bruder war tot, jetzt ist er wieder am Leben! Er war verloren, aber jetzt ist er wieder gefunden!«

Lukas 15, 11–32

Da ist also ein junger Mann – es könnte genauso gut eine junge Frau sein. Aber damit ich nicht immer er/sie schreiben muss, bleibe ich bei dem Jungen. Dieser Junge verlangt von seinem Vater sein Erbteil, das heißt, er lässt sich auszahlen, was ihm eigentlich erst nach dem Tod des Vaters zusteht. Aber es steht ihm zu. Und mit diesem Geld bricht er auf.

Weshalb bricht er auf? Eine einfache Antwort, an der sicher auch was dran ist, heißt: Er war halt abenteuerlustig. Aber das ist nur die halbe Wahrheit. Natürlich hat er Lust auf Abenteuer, auf etwas anderes, auf ein Ende des ewig gleichen Trotts zu Hause. Aber es ist noch mehr. Er geht auf die Suche. Er hat gespürt: Da muss es doch noch mehr geben im Leben. Etwas, das tiefer und größer ist als der Alltag hier. Als die Arbeit, die Beschäftigungen am Feierabend. Er geht der Frage nach: Wer bin ich eigentlich? Bin ich bloß der Sohn eines Großbauern, bin ich nur der, der auf dem Hof arbeitet und nach Feierabend ein Gläschen Wein trinkt, mit der Nachbarstochter schäkert, sie irgendwann mal heiratet, Kinder in die Welt setzt, die wieder nichts anderes sind als die Söhne und Töchter eines Großbauern, und so weiter bis in alle Ewigkeit?

**Ich bin fest davon überzeugt,
dass jeder Mensch aufbrechen muss aus seinem Elternhaus,
wenn er sein eigenes Leben finden will.
Wenn er erwachsen und reif werden will.
Wenn er herausfinden will, wer er selbst eigentlich ist
und worum es im Leben geht.**

Es ist nicht nur bequem und easy, aufzubrechen und hinauszugehen. Im Gegenteil, bequemer wäre es, zu Hause hinter dem Ofen zu hocken, brav zu tun, was von dir verlangt wird, und bloß nichts Eigenes zu wollen. Aber das reicht nicht. Unser Junge, nennen wir ihn einfach mal David, will etwas anderes. Er will mehr.

Vielleicht war es zuerst so eine unbestimmte Unzufriedenheit. »Was willst du denn?«, werden die anderen ihm gesagt haben. »Dir geht's doch super hier. Du hast alles, was du willst und brauchst: ein Dach überm Kopf, was zu essen, kannst einen Beruf lernen, in ein paar Jahren heiratest du und erbst dann irgendwann einen Teil vom Hof, bist selbstständig und kannst es dir gut gehen lassen.

Dir fehlt doch nichts!« Aber das stimmt nicht. Es fehlt ihm eben doch was. Was, das weiß er selber nicht so genau. Er weiß nur: Hier zu Hause, wo es ihm super gut geht, da findet er das nicht.

Eine Zeit lang versucht er die Unzufriedenheit wegzuschieben, die Stimmen zu überhören, die ihm sagen: »Auf, los, irgendwo ist das Glück zu finden. Hier bestimmt nicht, also musst du weg von hier, anderswohin, deinen eigenen Weg gehen!« Er versucht sich dagegen zu wehren. Es wäre doch wirklich verrückt, alles hinter sich zu lassen. Sein Zimmer mit dem bequemen Bett, das gute Essen von Mama, die Freunde, die Sicherheit … In ihm streiten die Stimmen. »Du spinnst doch nicht! Bleib im Lande und nähre dich redlich!«, sagt die eine. Doch die andere sagt: »Raus hier, bloß raus hier, diese Bequemlichkeit und diese tägliche Routine ist zum Ersticken.«

Raus hier

Irgendwann stehst du auch vor der Frage: Bleiben oder aufbrechen? Dabei muss es gar nicht darum gehen, das Elternhaus zu verlassen, aus der Stadt oder dem Dorf wegzuziehen. Der Ruf zum Aufbruch kann immer wieder kommen, auch wenn du schon längst nicht mehr zu Hause wohnst. Es muss nicht unbedingt ein Ortswechsel sein, es kann auch bedeuten, einen inneren Aufbruch zu starten. Eine Überzeugung loszulassen, die bisher selbstverständlich und unverrückbar gegolten hat. Einen Berufswunsch zu beerdigen – besonders wenn es der Wunsch deines Vaters oder deiner Familie war und gar nicht wirklich dein eigener. Oder von einer Liebe Abschied zu nehmen, die nicht erwidert wird oder sich totgelaufen hat. Oder, oder, oder …

Es gibt ein berühmtes Gedicht von Hermann Hesse. Das ist ein Autor, der immer wieder über das Aufbrechen geschrieben hat, über die Suche danach: Wer bin ich denn wirklich? Seine Bücher entstanden ungefähr zwischen 1900 und 1945; in den wilden Sechzigerjahren wurden sie Kult, nicht nur unter den Hippies. Und immer wieder werden seine Bücher, zum Beispiel »Narziss und Goldmund« oder »Der Steppenwolf«, von jungen Leuten entdeckt und gelesen. Bloß mit seinem dicksten Buch, »Das Glasperlenspiel«, mit dem kann man wohl erst als Erwachsener wirklich etwas anfangen. Ich habe es jedenfalls mit 22 versucht, und es war total langweilig. Mit 44 fand ich es dann super spannend. Aus diesem Buch stammt das Gedicht »Stufen«, und ich finde es trotz seiner etwas altertümlichen Sprache unheimlich treffend und wahr.

STUFEN

Wie jede Blüte welkt und jede Jugend
Dem Alter weicht, blüht jede Lebensstufe,
Blüht jede Weisheit auch und jede Tugend
Zu ihrer Zeit und darf nicht ewig dauern.
Es muss das Herz bei jedem Lebensrufe
Bereit zum Abschied sein und Neubeginne,
Um sich in Tapferkeit und ohne Trauern
In andre, neue Bindungen zu geben.
Und jedem Anfang wohnt ein Zauber inne,
Der uns beschützt und der uns hilft, zu leben.

Wir sollen heiter Raum um Raum durchschreiten,
An keinem wie an einer Heimat hängen,
Der Weltgeist will nicht fesseln uns und engen,
Er will uns Stuf um Stufe heben, weiten.
Kaum sind wir heimisch einem Lebenskreise
Und traulich eingewohnt, so droht Erschlaffen,
Nur wer bereit zu Aufbruch ist und Reise,
Mag lähmender Gewöhnung sich entraffen.

Es wird vielleicht auch noch die Todesstunde
Uns neuen Räumen jung entgegensenden.
Des Lebens Ruf an uns wird niemals enden ...
Wohlan denn, Herz, nimm Abschied und gesunde!

Hermann Hesse

»Wohlan denn, Herz, nimm Abschied und gesunde!« David nimmt Abschied, weil er weiß, dass er irgendetwas anderes braucht als das, was er zu Hause kriegt.

Und der Vater lässt ihn einfach gehen. In der Geschichte von Jesus steht nichts davon, dass er seinem Sohn Vorwürfe macht oder viele gute Ratschläge mitgibt. Er lässt ihn ziehen. Wenn er sich Sorgen macht, lässt er sie sich nicht anmerken. Sie würden ja auch nichts nützen (es nützt nie, sich Sorgen zu machen!). Ich stelle mir eher vor, dass der Vater sich erinnert. Schließlich war er selbst mal jung. Und so, wie er in der weiteren Geschichte dargestellt wird, glaube ich, dass er selbst als junger Mann aufgebrochen und in die Fremde gegangen ist – aber das kommt eigentlich später.

Die Mutter spielt seltsamerweise in der Geschichte gar keine Rolle, dabei ist es für junge Männer oft viel schwieriger, sich von ihrer Mutter zu verabschieden als vom Vater. Von ihr erfahren wir jedoch überhaupt nichts.

Aber dann gibt es noch Davids älteren Bruder. Der ist brav und angepasst und denkt gar nicht daran, an so etwas wie einen Ruf zum Aufbruch zu glauben. Wenn es ihn einmal nachts in seinen Träumen packt oder draußen auf dem Feld, dass er sich fragt: »Was ist wohl hinter dem Horizont?«, dann schiebt er diese Fragen weg und knurrt in seinen Bart: »Flausen! Wo kämen wir denn da hin, wenn jeder seinen angestammten Platz verlasen und hinter den Horizont gucken wollte!« Er findet es völlig verrückt von seinem kleinen Bruder, dass der den Hof verlässt. Andererseits ist es vielleicht auch besser so, jetzt kann er ihm mit seiner ewigen Unzufriedenheit und seinem pubertären Gefasel (so nennt der Ältere das) nicht mehr auf die Nerven gehen. Und er, der Haupterbe, tut, was sich schickt und was von ihm erwartet wird. Keine Experimente!

Er lässt sich nicht auf den Aufbruch ein, auch nicht auf einen inneren Aufbruch, das zeigt der weitere Verlauf der Geschichte. Auch wenn er auf dem Hof geblieben wäre, hätte er aufbrechen und sein eigenes Leben suchen können. Das ist wichtig: Du musst nicht unbedingt deine Familie und deine Heimat verlassen. Es kann notwendig sein, muss aber nicht. Wie schon gesagt, kann das »Ausziehen in die Fremde« auch ganz anders aussehen. Vielleicht so, dass du das weite, fremde Land in dir selbst entdeckst, dass du anfängst, in deine eigene Mitte zu gehen. Das ist mindestens ebenso interessant wie eine Weltreise, aber es geht nicht ganz ohne Anstrengung. Bei sich selbst zu bleiben, Ablenkungen abschalten und wirklich ins eigene Innere zu gehen ist sogar ziemlich schwierig. Aber es lohnt sich. Wenn du willst, kannst du mit der Anleitung auf den folgenden Seiten das Meditieren ausprobieren. Wenn du erst einmal die Geschichte weiter lesen möchtest: Seite 47.

Das fremde Land in dir

Meditieren

➤ »In die Mitte gehen« ist die ursprüngliche Bedeutung des Wortes »meditieren«. Meditation ist nicht etwas, was man in langen Jahren bei einem indischen Guru lernen muss. Meditation heißt einfach: Da sein, wahrnehmen, still werden. Bei dir selbst sein. Still sitzen und wirklich nichts tun, nicht herumlaufen, nicht schaukeln, nicht lesen, nicht einmal denken.

Bei mir selbst sein

Ein Meditationsschüler fragte einmal seinen Meister: »Warum muss ich still sitzen? Warum muss ich ruhig und unbewegt sein?« Der Guru nahm seinen Jünger mit in den Garten. Dort war ein kleiner, klarer Teich. Er hieß den Schüler sich über die spiegelnde Wasseroberfläche beugen und fragte ihn: »Was siehst du?« Der Schüler betrachtete sein Spiegelbild und antwortete: »Ich sehe mich selbst.« Da nahm der Meister einen Stock und wirbelte das Wasser auf, so dass der Schlamm vom Grund aufstieg und das Wasser trüb wurde. »Was siehst du jetzt?«, fragte er. Der Schüler antwortete: »Ich sehe nichts als aufgewirbelten Schlamm.« »Siehst du«, sagte da der Meister, »wie dieser Teich ist deine Seele. Wenn du ruhig dasitzt, erkennst du dich selbst. Wenn du herumwirbelst, siehst du nichts als Dreck und Schlamm.«

➤ Zu den Grundübungen bei jeder Meditation gehört es, die Gedanken sein zu lassen. Natürlich kann kein Mensch seine Gedanken wirklich abschalten. Aber wir können üben, die Gedanken vorüberziehen zu lassen wie Wolken, ohne uns daran festzuhängen und uns von ihnen sonstwohin entführen zu lassen. Wer meditiert, kehrt immer wieder zu sich selbst zurück, zu seinem Körper, zu seinem Atem. Zur Wahrnehmung.

Gedanken ziehen lassen

➤ Man kann und muss unterscheiden zwischen dem Wahrnehmen und dem Denken, dem Urteilen. Das Wahrnehmen geschieht durch die Sinne: Ich sehe etwas, ich höre oder rieche oder schmecke etwas. Normalerweise lassen wir der sinnlichen Wahrnehmung sofort das Denken folgen. Wir unterscheiden oft Wahrnehmen und Denken gar nicht. Ohne wirklich bei dem zu verweilen, was wir sehen, hören oder riechen, urteilen wir sofort: Das gefällt mir, oder es gefällt mir nicht. Damit könnte ich das und das anfangen. Dies erinnert mich an jenes, diese Aussicht ist wunderschön, diese Blume riecht angenehm, der Misthaufen da drüben stinkt. All das sind Überlegungen, Gedanken, Urteile, die schon weit über die Wahrnehmung hinausgehen. Wer zu sich kommen will, muss lernen, ganz bei der Wahrnehmung zu bleiben. Er muss lernen, den Spiegel seines Bewusstseins

Wahrnehmen

ruhig zu halten und nicht durch Denken und Urteilen den Schlamm aufzurühren. Die Wahrnehmung ist absichtslos, sie will nichts erreichen. Sie will nichts weiter als eben wahrzunehmen, zu verweilen bei dem, was die Sinne gerade erfassen. Und wenn wir in dieser reinen Wahrnehmung sind, sind wir am meisten bei uns selbst.

➤ Dabei geht es beim Meditieren nicht darum, zu träumen oder abzutauchen in eine Scheinwelt. Ganz im Gegenteil. Der amerikanische Religionsphilosoph William James hat einmal im Zusammenhang mit dem Meditieren gesagt: »Verglichen mit dem, was wir sein sollten und sein könnten, sind wir alle nur halb wach. Nur von einem kleinen Teil der in uns liegenden Möglichkeiten machen wir Gebrauch. Es geht darum, Wachheit zu erreichen und unsere schlummernden Kräfte und Fähigkeiten für unser tägliches Leben zu erschließen.«

Unsere dunklen Seiten

➤ Die Meditation führt immer mehr in diese wirkliche Welt hinein, in der wir leben. In die Gegenwart, die Realität. Und die Realität besteht eben nicht nur aus Spaß und Abwechslung. Zur Realität gehören auch die dunkleren Seiten: Angst, Schmerzen, Frust, Kummer. Wir neigen normalerweise dazu, diese dunkleren Seiten wegzuschieben. Aber damit schieben wir einen Teil unseres Lebens weg. Und vor allem: Wenn wir uns unsere Schattenseiten nicht anschauen, dann können sie sich auch nicht ändern. Wenn wir sie immer nur auf die Seite schieben, bleiben sie einfach so, wie sie sind. Sie können nicht heilen und uns nichts lehren. Im Kapitel »All die kleinen Tode« kannst du darüber mehr lesen, was die dunklen Zeiten in unserem Leben für eine Bedeutung haben.

Ein schönes B
die Entdeckungsrei
um dich selbst u
in dir und um d
Du weißt nic
Du lässt d

➤ Wenn du nun also dasitzt und still bist, kommen natürlich unweigerlich Gedanken und Träume, Ängste und Wunschfantasien hoch. Das lässt sich nicht vermeiden.

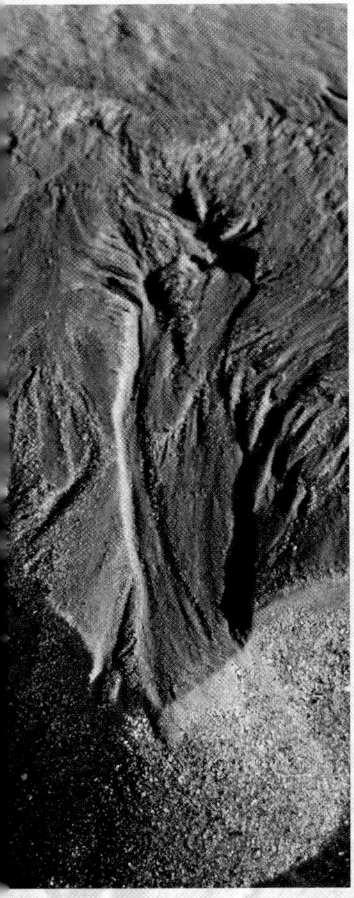

Aber die Aufgabe besteht nicht darin, diese Gedanken und Träume zu »bearbeiten«, dich damit auseinander zu setzen. Du musst sie auch nicht gewaltsam beiseite schieben oder wegdrängen. Du musst dir nicht verbieten, sie zu haben. Lass sie einfach da sein. Und versuche, dich nicht wegziehen zu lassen. Sobald du merkst, dass es dir doch passiert ist (und es wird dir passieren, immer und immer wieder), dann kehre wieder zurück. Achte wieder auf deinen Atem, auf deine Sitzhaltung, auf den Kontakt zum Boden.

Achtsam bleiben

➤ Am besten ist, du erwartest dir keine schnellen Ergebnisse. Du wirst wahrscheinlich lang üben müssen, bevor es dir einmal gelingt – oder besser: geschenkt wird – einfach »nur« da zu sein, ohne Gedanken, ohne Ablenkung. Das macht nichts, das gehört sozusagen dazu. Das Allerwichtigste beim Meditieren ist die Absichtslosigkeit. Wer meditiert, um etwas Bestimmtes zu erreichen, ist auf dem Holzweg.

die Meditation ist
machst dich auf,
Wirklichkeit
um zu entdecken.
s dir begegnet.
fach überraschen.

➤ Übrigens: Vielleicht ist das Sitzen in der Stille nicht unbedingt deine Form. Probiere es ruhig aus, und lass dich nicht schnell entmutigen. Aber wenn du merkst, dass es absolut nicht klappt, ist vielleicht eine bewegte Form der Meditation besser für dich – etwa T'ai Chi. Vielleicht musst du ein bisschen suchen. Aber wichtig ist eins: Wenn du eine Form gefunden hat, die dir einigermaßen zusagt, dann bleib eine Zeit lang dabei. Spirituelles Herumzappen zwischen allen möglichen Methoden bringt absolut nichts, außer eine Frustration nach der anderen. Wenn du aber immer wieder die Widerstände überwindest, die unweigerlich auftreten, dann wirst du früher oder später die Entdeckung machen, dass du dich ein gutes Stück besser kennen gelernt hast. Und vielleicht bist du auch offener geworden für Gott.

Dabeibleiben

Anleitung zum Meditieren

➤ Setz dich aufrecht hin, ohne dich anzulehnen. Am besten, du sitzt auf der vorderen Kante eines Stuhls oder auf einem speziellen Meditationshocker. Solche Hocker erhältst du in Klöstern oder Esoterik-Buchläden. Der Rücken soll gerade sein, ohne dass du dich irgendwie streckst. Die Knie müssen tiefer sein als das Becken. Auf dem Schemel ergibt sich das von selbst; wenn du auf dem Stuhl sitzt, kreuzt du am besten die Beine in Höhe der Knöchel. Die Hände kannst du locker auf die Oberschenkel legen, oder du legst eine Hand in die andere (mit der Handfläche nach oben, wie eine Schale). Die Daumenspitzen berühren sich dabei leicht.

➤ Diese Haltung, ohne sich irgendwo anzulehnen, wirkt bei den ersten Versuchen unbequem. Aber wenn du eine Zeit lang übst, wirst du merken, dass sie in Wahrheit viel angenehmer ist und den Rücken viel weniger belastet als das »normale« Rumgelümmel auf einem Sessel. Außerdem ist in dieser Haltung dein Zwerchfell frei, und du kannst frei atmen.

➤ Die Augen kannst du schließen, wenn du dich dann besser konzentrieren kannst. Es kann aber auch sein, dass du mit geschlossenen Augen zu sehr wegtauchst in Tagträume und Gedanken. Dass du gerade nicht »wacher« wirst, wie es in dem Zitat von William James beschrieben ist. Dann kannst du die Augen halb öffnen und locker auf einem Punkt etwa anderthalb Meter vor dir auf dem Boden ruhen lassen. Fixiere diesen Punkt nicht, lass deine Augen entspannt.

Übungen

DEN ATEM KOMMEN UND GEHEN LASSEN

➤ Sitze aufrecht auf deinem Stuhl oder dem Hocker. Nimm wahr, wo dein Gewicht auf der Unterlage ruht. Im Gesäß, genau da, wo es auf der Unterlage ruht, kannst du zwei Knochen spüren, die so genannten Sitzhöcker. Nimm sie genau wahr, spüre, wie sie dein Gewicht abgeben an den Stuhl und über den Stuhl an die Erde. Die Erde trägt dich.

➤ Richte deine Aufmerksamkeit auf deinen Atem. Wie er kommt und geht, ganz von selbst. Beeinflusse ihn nicht, versuche nicht, tiefer oder ruhiger zu atmen. Lass ihn einfach so, wie er ist.

➤ Beim Einatmen kannst du dir bewusst werden, dass dein Leben ein Geschenk ist. So wie dir der Atem und die Luft zum Atmen geschenkt wird. Der Atem kommt ganz von selbst. Du musst nichts dazu tun.

➤ Beim Ausatmen lässt du los, was du nicht mehr brauchst. Die Luft, die dich belebt hat, kannst du nun wieder gehen lassen. So ist dein ganzes Leben eine Folge von Beschenktwerden und Loslassen. Von Ein und Aus.

➤ Bleibe einfach bei deinem Atem. Wenn du merkst, dass deine Gedanken abschweifen, kehr wieder zum Atem zurück. Ohne Ärger, ohne Selbstvorwürfe. Lass den Atem kommen und gehen. Du kannst diese Übung so lange machen, wie du willst. Für den Anfang tun es ein paar Minuten, später kannst du die Zeit bis auf 20 oder 30 Minuten ausdehnen.

KÖRPERWAHRNEHMUNG

➤ Gehe mit liebevoller Aufmerksamkeit deinen Körper durch. Verweile jeweils ein paar Sekunden bei einer Region, spüre sie und stell dir vor, wie mit dem Ausatmen alle überflüssigen Spannungen aus der betreffenden Körperregion nach unten in den Boden abfließen. Dabei sollst du die Körperregion nicht total entspannen (dann würde dein Körper in sich zusammensinken wie ein nasser Sack), sondern die Verspannungen loslassen, die dich unnötige Kraft kosten und die die Muskeln verhärten. Dann geh weiter zum nächsten Punkt. Lass dir Zeit dazu. Die Übung darf insgesamt etwa 15 Minuten dauern.

Verspannungen loslassen

➤ Sag dir innerlich vor:
»Ich richte meine Aufmerksamkeit auf meine Stirn.

(Pause)

Alle Verspannungen fließen ab.«

➤ Warte, bis du spürst, dass das wirklich geschieht und deine Stirn sich entspannt. Dann geh weiter zur Region um Augen und Nase. Wenn du keine Entspannung feststellen kannst, bemühe dich nicht zu sehr. Verweile mit deiner Aufmerksamkeit einfach ein paar Sekunden bei der betreffenden Region, versuche sie deutlich zu spüren, und dann geh weiter. Beim nächsten oder übernächsten Mal wird es schon besser gehen. Wir Menschen in den Ländern des industrialisierten Westens sind so wenig daran gewöhnt, unseren Körper liebevoll und aufmerksam wahrzunehmen, dass wir uns oft erst langsam herantasten müssen.

Liebevoll wahrnehmen

➤ Die *Regionen*, die du nacheinander durchgehst, sind:
Kopf und Hals: Stirn (zwischen Haaransatz und Augenbrauen) / Augen und Nase / Mund und Kinn / Hals, Kehle / Nacken (vom hinteren Haaransatz bis etwa 10 cm unterhalb der Schultern) // **rechter** Arm: Schultergelenk / Oberarm / Ellenbogengelenk / Unterarm (Elle/Speiche) / Handgelenk / Hand und Finger // **linker** Arm: Schultergelenk / Oberarm / Ellenbogengelenk / Unterarm (Elle/Speiche) / Handgelenk / Hand und Finger // **Rumpf**: Oberkörper (von den Schulterblättern bis eine Hand breit über dem Bauchnabel) / Leibmitte (um den Nabel herum bis zu den Hüften) / Unterleib / (von den Hüften bis zum Beckenboden) // **rechtes Bein**: Hüftgelenk / Oberschenkel / Kniegelenk / Unterschenkel (Schien- und Wadenbein) /

Knöchel / Fuß (von der Ferse bis zu den Zehen) // **linkes Bein**: Hüftgelenk / Oberschenkel / Kniegelenk / Unterschenkel (Schien- und Wadenbein) / Knöchel / Fuß (von der Ferse bis zu den Zehen).

➤ Wenn du »durch« bist, nimm deinen Körper noch einmal als Ganzes wahr. Spüre, wie du sitzt, spüre die aufrechte Haltung, spüre deinen Atem. Sage dir innerlich: »Das ist mein Körper.« Dann schließe die Übung ab. Wenn du magst, verbeuge dich, so dass du mit der Stirn den Boden berührst. Nimm einen tiefen Atemzug. Strecke, recke und räkle dich, gähne herzhaft, wenn dir ein Gähnen kommt. Dann steh langsam auf.

Ein gewisses Maß
an gesundem Egoismus
braucht jeder Mensch,
wenn er sich nicht total
unterbuttern und fremdbestimmen
lassen will.

UNTERWEGS

David ist ein Egoist im guten Sinn. Das gibt es nämlich auch. Er weiß, was er will, und das tut er. Er lässt sich nicht von anderen bestimmen, sondern von seinem Ich (was auf Lateinisch »Ego« heißt, daher das Wort Egoist).

Es gibt natürlich auch krasse Egoisten von der Sorte, die überhaupt nur sich selbst sehen und kein bisschen nach den anderen fragen. Sie kümmern sich einen Dreck um ihre Mitmenschen und interessieren sich nur für eine Frage: »Was habe ich davon?« Es ist, als lebten sie in einem Spiegelkabinett, in dem ihnen von allen Seiten, wo sie auch hinschauen, ihr eigenes Ego entgegenlacht. Dudley Dursley oder Draco Malfoy aus »Harry Potter« sind solche Exemplare, und ihre Eltern fördern ihren Brutal-Egoismus nach Kräften. Das Dilemma dieser Leute ist: Im Grunde ihres Herzens bleiben sie sehr einsam. Natürlich haben sie Freunde (nur: wer will schon mit Crabbe und Goyle befreundet sein?). Diese Freunde sind allerdings keine echten Partner, sondern entweder Speichellecker, die dem Größeren eifrig alles nachbeten und ihn vorbehaltlos bewundern, aber selbst keine eigene Persönlichkeit entwickeln. Auf so jemand kann man sich nicht verlassen. Oder sie sind Trittbrettfahrer, die sich so lange im Ruhm des anderen baden, wie er Erfolg hat. So lange stehen sie auf seiner Seite. Aber wenn das Blatt sich wendet und der bislang Bewunderte Schiffbruch erleidet, dann sind sie – hastdunichtgesehen – über alle Berge und suchen sich jemand anders, an den sie sich klammern können. Ein echter Freund aber, der hält zu dir, gerade dann, wenn's dir dreckig geht. Der widerspricht auch mal. Der ist eine eigene Persönlichkeit und nicht nur einer, der von deinen Erfolgen lebt.

Ein echter Freund

Ein richtiger Egoist kann keine solchen guten Freunde haben, denn eine gute Freundschaft ist immer auf Gegenseitigkeit angelegt. Auf Geben und Nehmen. Es ist wichtig, zu unterscheiden zwischen dem rücksichtslosen Hardcore-Egoismus, bei dem sich alles nur um die eigene Person dreht, und dem gesunden

Egoismus. Wer etwas von diesem gesunden Egoismus hat, der kann zu sich selbst stehen und seinen eigenen Weg gehen, aber er sieht auch die anderen und fragt danach, ob es ihnen auch gut geht.

Ich nehme jetzt mal an, dass Davids Egoismus von dieser Sorte ist (ich glaube, das ist auch berechtigt, wenn wir uns anschauen, wie die Geschichte weitergeht). Er sieht durchaus, dass es dem Vater nicht leicht fällt, ihn gehen zu lassen. Ja, vielleicht hat er sogar Schuldgefühle. Obwohl ihm keiner Vorwürfe macht. Der Vater hat nichts gesagt, keine Vorhaltungen, nichts. Aber war da nicht doch dieser Unterton in seiner Stimme? War es wirklich okay, die ganze Kohle zu fordern? Und ist es wirklich in Ordnung, sich den Pflichten daheim zu entziehen und einfach abzuhauen, die anderen machen zu lassen und sich nicht mehr um Zuhause zu kümmern?

**Was ich jetzt sage,
überrascht dich vielleicht:
Es gibt zwar gesunden Egoismus,
aber es gibt keine gesunden
Schuldgefühle. Schuldgefühle sind
immer ungesund. Immer.**

Und das schreibt ein Pfarrer? Wo doch die Kirche immer auf Schuld und Sünde und all so was herumreitet? Ja. Gerade weil ich Pfarrer bin und mich mit dem Neuen Testament und mit Jesus beschäftigt habe, schreibe ich so etwas. Denn Jesus hat den Menschen nie Schuldgefühle gemacht. Darin unterscheidet er sich von so manchen seiner Nachfolger.

Um dir verständlich zu machen, was ich meine, muss ich ein bisschen ausholen. Ich meine nämlich nicht, dass es keine Schuld gibt. Ich will dir nicht sagen: »Tu einfach, was dir einfällt. Alles, was du tust, ist okay, egal wie es sich auf andere Menschen auswirkt.« Das wäre die Einstellung des rücksichtslosen Egoisten. Aber auch anderen Menschen kann es passieren, dass sie jemandem Unrecht tun und ihn verletzen. Öfter, als es uns lieb ist, machen wir etwas falsch und werden schuldig. Und dann bekommen wir echte Gewissensbisse. Ein Beispiel:

ROBBIE steckt in einer Zwickmühle. Seine Freundin Klara erzählt begeistert von ihren Plänen für ihre Geburtstagsparty, und plötzlich merkt er, dass an genau demselben Tag das Fußballspiel des Jahres stattfindet. Mike wollte Karten besorgen ... Robbie überlegt hin und her, doch schließlich sagt er Klara ab. Die ist natürlich mordsmäßig enttäuscht, dass ihr Freund nicht zu ihrer Geburtstagsparty kommt, und noch dazu wegen eines Fußballspiels!

Als Robbie zwischen all den Fans in der Südkurve steht, kann er das Spiel gar nicht so richtig genießen. Ein riesiges schlechtes Gewissen wegen Klara und ihrer Party sitzt ihm im Nacken.

Er hat Klara verletzt. Und das Gemeinste daran ist: Er wollte es gar nicht. Das passiert gar nicht so selten. Ohne es zu wollen, tue ich einem anderen Menschen weh. Oder ich habe nur die Wahl zwischen zwei gleich schlechten Möglichkeiten, sozusagen zwischen Pest und Cholera: Wenn ich mich für das eine entscheide, verletze ich meine Freundin, wenn ich mich für das andere entscheide, tue ich meinem besten Freund Unrecht. So etwas nennt man ein Dilemma oder, noch etwas hochtrabender, eine tragische Situation. Praktisch alle großen Tragödien der Weltliteratur bauen auf diesem Prinzip auf, dass jemand Unrecht tut, ohne es zu wollen. Und auch im richtigen Leben geschehen die meisten Verletzungen und Kränkungen nicht aus Absicht, aus bösem Willen – obwohl es das natürlich auch gibt.

Was kann Robbie tun, um sein schlechtes Gewissen loszuwerden und die Situation zu bereinigen?

Er kann natürlich versuchen, alles wieder gut zu machen. Zum Beispiel kann er Klara groß ausführen zum Essen oder ins Kino oder zum Tanzen, oder er kann ihr etwas Schönes und Persönliches schenken. Und vor allem: Er kann sie um Entschuldigung bitten. Wenn sie die Entschuldigung und die Wiedergutmachung annimmt, ist alles erledigt. Robbies schlechtes Gewissen hat ihn dazu gebracht, die Sache wieder in Ordnung zu bringen, und damit ist es auch gut. Wenn er danach immer noch ein schlechtes Gewissen hat, dann ist das ziemlich überflüssig. Das sind dann solche Schuldgefühle, die nichts bringen außer Kummer und Leid. Sie machen überhaupt nichts gut, sie schaden nur. Sie machen zum Beispiel Robbie befangen gegenüber Klara und schaden der Freundschaft eher, als dass sie etwas Gutes bewirken.

Daran kann man die falschen, ungesunden Schuldgefühle erkennen: Sie machen nichts besser, sondern eher alles schlechter.

Bei JEANNETTE ist das ganz deutlich zu sehen. Jeannette besucht ihre Freundin Annika. Schon als Annika die Tür aufmacht, spürt Jeannette, dass etwas nicht in Ordnung ist. Annika wirkt mürrisch und gereizt. »O Gott«, denkt Jeannette sofort. »Was habe ich bloß angestellt, dass Annika so sauer ist?« Bald hat sie selbst ein ganz blödes Gefühl im Bauch, und aus dem Nachmittag droht eine Katastrophe zu werden. Bis Annika erzählt, dass ihre Großmutter heute Vormittag ins Krankenhaus musste, und dass Verdacht auf Krebs besteht und sie sich wahnsinnige Sorgen macht. Jeannette fällt es wie Schuppen von den Augen: Annikas Stimmung hatte gar nichts mit ihr zu tun!

So etwas passiert oft. Manche Menschen haben geradezu eine Begabung darin, alles in ihrer Umgebung auf sich zu beziehen. Wenn irgendwo jemand unglücklich ist oder sauer, fragen sie sich sofort: »Was habe ich falsch gemacht?« Auch wenn sie gar nichts damit zu tun haben. Das ist nicht so sehr komisch, denn wer immer die Schuld an allem bei sich selbst sucht, macht sich das Leben ziemlich schwer – und das völlig überflüssigerweise.

Aber das Ganze hat noch eine andere Seite. In Wirklichkeit steckt nämlich eine ziemlich raffinierte Strategie dahinter. Bei Jeannette ist es so: Sie meint ziemlich oft, dass sie an der schlechten Laune oder am Unglück der anderen Menschen Schuld sei. Aber damit schreibt sie sich selbst einen ziemlich großen Einfluss zu, wenn auch einen negativen. »Ich bin schuld«, denkt sie. Wer immer Schuldgefühle hat, nimmt sich selbst – ohne es zu merken – sehr wichtig. Er blendet alle tausend anderen Möglichkeiten aus und übersieht völlig, dass es unendlich viele Gründe gibt, weshalb ein anderer Mensch unglücklich oder sauer sein könnte. So stellt er sich in den Mittelpunkt der Welt. Und damit überschätzt er sich natürlich völlig.

Auch deswegen sind diese Schuldgefühle ungesund, weil sie ein falsches Bild von der Welt entstehen lassen: eine Welt, deren gesamtes Unglück um die arme kleine Jeannette (oder sonst wen) kreist.

Ungesunde Schuldgefühle

Sollte dir das irgendwie bekannt vorkommen, kann ich dir nur einen Tipp geben: Wenn du dich an irgendwas schuldig fühlst, versuche herauszufinden, was die wahre Ursache sein könnte. Wenn deine Freundin mürrisch oder unglücklich ist, frag sie, weshalb. Wenn dein Freund sauer wirkt und dich anmotzt, obwohl du nichts gemacht hast, versuch herauszufinden, worauf er wirklich sauer ist. Am besten, indem du ihn fragst. So kannst du ein Gefühl dafür entwickeln, wann du wirklich etwas falsch gemacht hast, und wann dich deine Schuldgefühle an der Nase herumführen.

Sich wichtig machen, ohne es selbst zu merken – das ist der eine Effekt der Schuldgefühle. Es gibt aber noch einen zweiten. Dazu möchte ich wieder zu David aus der Geschichte zurückkehren. Stellen wir uns einmal vor, David hat eine Mutter, die furchtbar lamentiert, als er sagt, dass er weggehen will. Sie erinnert ihn an all das, was sie für ihn getan hat und malt ihm aus, wie sie nachts nicht schlafen kann, wenn sie nicht weiß, wo er ist, was er macht und wie es ihm geht. So lange weckt sie seine Schuldgefühle, bis David seinen Entschluss zurücknimmt und bleibt. Dann haben die Schuldgefühle gewirkt und die Mutter hat ihr Ziel erreicht.

Wie bei TINA. Deren Mutter hat eine noch viel raffiniertere Strategie, in ihrer Tochter Schuldgefühle zu erzeugen. Als Tina neulich ausgehen wollte, fragte die Mutter, wie lang die anderen ausgehen dürfen. »Bis zwölf Uhr«, gab Tina Auskunft. Seufzend willigte die Mutter ein: »Gut, dann kommst du eben auch um zwölf. Ich will ja nicht, dass du vor den anderen dumm dastehst.« Tina ging aus und kam pünktlich um Mitternacht nach Hause. Am nächsten Morgen lamentierte die Mutter. »Ich habe mir ja solche Sorgen gemacht. Man liest heutzutage doch so viel in der Zeitung! Was alles passieren kann, wenn junge Mädchen allein ausgehen!« Und so weiter. Das ist, wie gesagt, besonders fies. Zuerst erlaubt sie es, dann leidet sie darunter, dass die Tochter tut, was sie ihr erlaubt hat. Und prompt hat Tina Schuldgefühle, weil sie ihrer Mutter solche Sorgen gemacht hat. Falsche, ungesunde Schuldgefühle, denn es ist für Jugendliche normal, abends auszugehen. Und Eltern müssen lernen, ihre Kinder loszulassen, damit sie ihren Weg gehen können. Und genau da haken die Schuldgefühle ein.

Aber weshalb haben wir dann so oft Schuldgefühle, wenn sie falsch und ungesund sind? Ich glaube, sie spielen eine ganz bestimmte Rolle in unserem Leben. Sie wollen uns letztlich davor bewahren, dass wir uns wehtun. Es ist fast, als könnten sie sich selbstständig machen und würden eine ganz bestimmte Absicht verfolgen. Sie versuchen, dich in der alten Ordnung zu halten. Sie versuchen dich dazu zu bringen, dass du alles genauso machst, wie es von dir erwartet wird. Wie Mama und Papa es auch machen oder gemacht haben. Und wenn du dich auf die eigenen Füße stellen willst, kommen sie und sitzen dir im Nacken.

Sie wollen nicht etwas wieder gutmachen, sie wollen am liebsten ungeschehen machen, was geschehen ist. Dann rührt sich in uns diese Stimme, die uns zuflüstert: »Ach, hätte ich doch bloß nicht ...« Aber das geht nicht. Geschehen ist geschehen. Und weil du etwas, das du getan hast, nicht ungetan machen kannst, wäre es den Schuldgefühlen am liebsten, wenn du gar nichts machen würdest. Jedenfalls nichts eigenes. »Wer nichts macht, kann nichts falsch machen«, sagen sie.

Bloß kein Wagnis

Die Seele der meisten Menschen hat Veränderungen nicht besonders gern. Hier, wo ich bin, kenne ich mich aus, sagt sie. Auch wenn es mir hier nicht besonders gut geht, ich weiß wenigstens, woran ich bin. Viele Menschen leiden an ihrer Lebenssituation, aber sie unternehmen nichts, um etwas daran zu ändern. Denn wer weiß, meinen sie, ob es danach wirklich besser wird. »Es kommt selten etwas Besseres nach«, ist eins von diesen fiesen Sprichwörtern, die sich als Lebenserfahrung ausgeben. »Schuster, bleib bei deinem Leisten«, heißt ein anderes. Bloß kein Wagnis, bloß nichts Neues, nichts anders machen als die anderen. Denn es könnte ja schief gehen. Ich könnte mich lächerlich machen. Oder ich könnte etwas falsch machen, und dann müsste ich mich schuldig fühlen.

Mit diesen Gedanken hat David sich vielleicht auch herumgeschlagen. Aber der Ruf ist stärker. David muss aufbrechen. Ich glaube: Wenn er nicht aufbrechen würde, wenn er dem Ruf nicht folgen und bequem zu Hause bleiben würde, dann würde er sich schuldig machen. Er würde *sich* etwas schuldig bleiben. Statt sich mutig auf den eigenen Weg zu machen, bliebe er zu Hause im gemachten Nest und könnte niemals erfahren, wozu er wirklich auf der Welt ist. Er würde nicht erleben, wozu er fähig ist. Was es für gute und auch schlechte Erfahrungen zu machen gibt. Er würde sich von der Angst leiten lassen statt von der Liebe zum Leben. Und er würde dabei wahrscheinlich ziemlich unglücklich.

Ich finde das sehr wichtig. Das heißt doch:

Wenn du wirklich erwachsen werden willst, musst du herausfinden, was du wirklich selbst willst.

Ich muss da an die Bücher von Pippi Langstrumpf denken, die du als Kind wahrscheinlich auch gelesen hast. Thomas und Annika, die Nachbarskinder von Pippi, würden ganz bestimmt fürchterlich langweilige und farblose Erwachsene werden, die überhaupt keinen eigenen Charakter haben, wenn sie nicht auf diese chaotische Pippi stoßen würden, die so völlig verrückte Sachen macht. Aber was tut sie denn? Sie probiert aus. Sie probiert aus, was passiert, wenn ... Sie fragt nicht, sondern sie tut es. Natürlich ist das manchmal gefährlich, und

Pippi ist ja auch ein ganz besonderes Kind: stark wie ein Bär und praktisch unverwundbar. Ich würde zum Beispiel keinem Kind empfehlen, einfach in einen unbekannten Pilz zu beißen, um herauszufinden, ob man ihn essen kann oder nicht. Aber grundsätzlich ist diese Pippi eine, die sich nichts sagen lässt, die auf ihren eigenen Instinkt vertraut und nichts einfach nur deswegen tut, weil »man« das halt tut.

Andere Figuren von Astrid Lindgren sind ähnlich. Am besten gefällt mir Ronja, die Räubertochter. Als sie zum ersten Mal allein hinausgeht, ermahnt sie ihr Vater Mattis: »Nimm dich in Acht, dass du nicht in den Fluss fällst!« Und so geht sie ans Flussufer, wo der Fluss am reißendsten ist, und turnt und springt ganz nah am Ufer herum, um sich in Acht nehmen zu können.

Ronja, Pippi und der junge Mann, von dem Jesus erzählt, haben eins gemeinsam: Sie wollen ihre eigenen Erfahrungen machen. Sie lassen sich nicht von dem leiten, was die anderen tun oder was die anderen von ihnen wollen. Sie haben begriffen, dass niemand ihr Leben leben kann als sie selbst.

Viele Menschen scheinen ihr Leben nicht selbst zu leben. Sie lassen sich leben. Wenn du wirklich leben willst, dann kann das bedeuten, dass du Widerstände überwinden musst. Deine eigene Bequemlichkeit zum Beispiel, die dich dazu bringen will, zu Hause im Hotel Mama hocken zu bleiben. Vielleicht musst du dich auch zur Wehr setzen, wenn deine Eltern oder andere wichtige Menschen in deiner Umgebung deinen Weg missbilligen. Vielleicht musst du in Kauf nehmen, dass deine Pläne Unverständnis oder auch Wut und Tränen hervorrufen. Aber wenn du den Ruf gehört hast, wenn du sicher bist: Das ist mein Weg, dann findest du auch die Kraft, diesen Weg zu gehen.

Ein paar Schritte, um herauszufinden, welcher dein Weg ist:

➤ Probiere einmal was aus, was du noch nie gemacht hast. Etwas, was dir gerade eben in diesem Moment einfällt, oder etwas, das du schon lang »eigentlich« tun möchtest. Bedingung: Du darfst dir selbst oder anderen nicht schaden. Ansonsten ist alles erlaubt.

➤ Hast du einen Berufswunsch? Einen richtigen, ernsthaften? Oder weißt du überhaupt noch nicht, was du einmal machen möchtest? Egal: Denk dir zehn Berufe aus, die dir Spaß machen könnten! Versetze dich rein, male es dir aus, lebe für eine halbe Stunde so, als seiest du das, was du dir vorstellst. Wieder: Alles ist erlaubt, ob es realistisch erscheint oder nicht. Fußballprofi, Koch, Rockstar, Kinderärztin, Straßenbahnfahrer, Bergarbeiter, Kernphysiker ...

➤ Schreib zehn Dinge auf, die du richtig gern tust. Dann überlege zu jedem einzelnen: Wann habe ich das zum letzten Mal gemacht? Wenn das schon lange zurückliegt, frage dich: Weshalb tue ich das nicht, wenn es mir doch Spaß macht? Was hindert mich? Plane ganz konkret, wann und unter welchen Umständen du es tun wirst. Tu's.

➤ Sichte dein Zimmer. Gibt es Dinge, die du schon lange loswerden wolltest? Miste einmal so richtig aus. Ich meine das nicht so wie deine Mutter, die dir ständig in den Ohren liegt: »Räum endlich dein Zimmer auf!« Nein – hier geht es darum, dass du Platz schaffst für etwas Neues. Alte Dinge, Krempel und Krimskrams, den wir eigentlich nicht brauchen, können uns auch innerlich blockieren. Gute neue Ideen kommen nicht so schnell, wenn uns ständig irgendwelche alten Sachen anstarren. Deshalb muss heute etwas rausfliegen.

Literaturhinweis: Julia Cameron, Der Weg des Künstlers, Goldmann Verlag München 1999.

JENSEITS VON EDEN

JENSEITS VON EDEN

Zum Thema Schuldgefühle fällt mir noch eine andere Geschichte aus der Bibel ein, die auch sehr bekannt ist und auch immer wieder falsch verstanden wird: die Geschichte mit Adam und Eva und dem Apfel. Du kennst sie vielleicht. Aber ich fürchte, du kennst sie falsch. Ich fürchte, dir ist die Geschichte als Ammenmärchen erzählt worden – eine Geschichte, die dazu dienen soll, Kinder brav und ruhig zu halten.

So geht das Ammenmärchen: Am Anfang, als Gott die ersten Menschen, Adam und Eva, gemacht hatte, war alles gut und in voller Harmonie. Sie lebten im Garten Eden, im Paradies. Aber in diesem Paradies gab es einen Baum, von dem die Menschen nicht essen durften. Gott hatte es verboten. Und meistens wird die Geschichte so erzählt, dass der Baum etwas mit Sex zu tun hat: So als würde einer, der einen der Äpfel dieses Baumes isst, plötzlich seine Sexualität entdecken.

Und dann kommt der Teufel und verlockt Eva, gegen das Verbot Gottes einen der Äpfel zu essen. Sie tut es und gibt ihrem Mann auch etwas davon ab. Jetzt ist also der Sex in der Welt und damit die Sünde (das jedenfalls ist die grundfalsche Version der Geschichte, die häufig erzählt wird). Gott kommt natürlich dahinter und schmeißt die beiden raus aus dem Paradies, weil sie gegen sein Verbot gehandelt haben.

Ich finde es sehr schade, dass diese Geschichte immer wieder als Ammenmärchen erzählt wird. Denn so wird völlig verdeckt, worum es in ihr eigentlich geht. Es geht nämlich darum, dass den Menschen die Augen aufgehen. Natürlich ist die Geschichte niemals so geschehen, wie sie in der Bibel steht. Trotzdem geschieht sie jeden Tag. Es ist nämlich auch eine von den Geschichten, die zeigen wollen, wie die Menschen sind. Deswegen heißen die Hauptpersonen auch Adam (das heißt auf Deutsch einfach »Mensch«) und Eva (zu Deutsch: »Mutter«).

Ursprünglich lebten die Menschen im Garten Eden, das wird tatsächlich erzählt. Sie mussten sich um nichts kümmern, alles war im Überfluss vorhanden. Ich sehe das als ein Bild für die Kindheit. Als du klein warst, hast du dich um nichts kümmern müssen. Allenfalls musstest du mal schreien, um auf dich aufmerksam zu machen. Aber sonst war eigentlich immer alles da, was du gebraucht hast, ohne dass du groß was unternehmen musstest. Aber du warst eben auch noch ein Kind und hattest nicht viel Ahnung von der Welt und vom Leben.

Selbst entscheiden

Und nun wird erzählt, dass in der Mitte des Gartens ein besonderer Baum steht, der »Baum der Erkenntnis von gut und böse«. Es heißt, wer von diesem Baum isst, der weiß Bescheid, was gut ist und was nicht. Das ist eigentlich doch etwas Erstrebenswertes. Kleine Kinder wissen noch nicht, was gut und böse ist. Sie wissen nur, was sie wollen. Das ist für sie gut, egal wie es sich für die anderen auswirkt. Je erwachsener du wirst, desto mehr musst du selbst entscheiden, und desto mehr musst du auch an die anderen denken. Ist das, was ich will, nur gut für mich oder auch für andere? Für die Gemeinschaft? Und da musst du für dich geklärt haben, was gut ist und was nicht.

Nun kommt die Schlange. Sie ist »das klügste von allen Geschöpfen, die Gott gemacht hatte«. In der Bibel ist keine Rede vom bösen Teufel, es geht nur um ein kluges Geschöpf. Die Schlange spricht Eva an, die noch nicht so klug ist, denn sie kann noch nicht einmal gut und böse unterscheiden. »Wenn ihr von den Früchten dieses Baums esst, werden euch die Augen aufgehen und ihr werdet sein wie Gott und wissen, was gut und böse ist.« Das will Eva natürlich ausprobieren, sie pflückt eine Frucht, isst sie und gibt ihrem Mann auch etwas davon (der wäre sonst dumm geblieben!).

Und tatsächlich: Ihnen gehen die Augen auf, und sie werden erwachsen (und weil zum Erwachsenwerden natürlich die Sexualität gehört, werden die beiden sich ihrer Sexualität bewusst – aber das ist keine Sünde). Die Frau wird Kinder bekommen, und das wird sehr schmerzhaft sein für sie. Der Mann muss arbeiten und sich abschuften, um die Brötchen ranzuschaffen. So ist es eben, wenn man groß wird (oder so war es damals, heute arbeiten die meisten Frauen ja auch und haben die doppelte Belastung). Hätten sie nicht von dem Baum der Erkenntnis gegessen, würden sie bis in alle Ewigkeit Kinder bleiben. So aber werden sie erwachsen und bekommen mit, dass das Leben nicht nur Zuckerschlecken ist. Dass es brutale Gesetze gibt in dieser Welt: »Haste was, dann biste was«, oder »Der Ober sticht den Unter«, oder »Wer zu spät kommt, den bestraft das Leben«.

Wäre es denn gut gewesen, wenn sie nicht von dem Baum gegessen hätten? Wenn sie nicht gelernt hätten, zwischen gut und böse zu unterscheiden? Wenn sie ewig Kinder geblieben wären? Ich kann mir nicht vorstellen, dass das Gottes Absicht war.

Diese Erzählung hat den Namen: die Geschichte vom »Sündenfall«. Es scheint also um das Ereignis zu gehen, durch das die Sünde in die Welt gekommen ist. Aber das stimmt nur in einer Hinsicht: Wer nicht zwischen gut und böse unterscheiden kann, für den gibt es auch keine Sünde. Wer nicht weiß, was böse ist, kann nicht bewusst Böses tun. Erst wenn wir Menschen Maßstäbe haben für das, was richtig und falsch ist, können wir von Sünde, von Schuld, von Verfehlung reden. Einem Kleinkind kann man keine ernsthaften Vorwürfe machen, wenn es zum Beispiel etwas kaputtmacht. Das kann man erst, wenn es weiß, dass es einem anderen Menschen wehtut, wenn es so etwas macht.

Was ist gut?
Was ist böse?

Es ist absolut notwendig, dass ein Mensch lernt, zwischen gut und böse zu unterscheiden. Und dazu ist es sogar notwendig, auch mal etwas falsch zu machen. Das Kind kann nur lernen, dass es einem anderen wehtut, wenn es ihm tatsächlich mal ein Matchbox-Auto über den Schädel gehauen hat.

Wir können die Grenzen, die wir beachten müssen, nur dann wirklich erkennen, wenn wir sie auch einmal überschritten haben.

Es heißt in der Kirche oft: Dadurch, dass die Menschen Gott ungehorsam waren und von der verbotenen Frucht gegessen haben, ist die Welt so schlecht geworden, wie sie heute ist. Ursprünglich war sie gut, ein Paradies eben, und jetzt gibt es Krieg und Gewalt und Hungersnöte – alles nur, weil die ersten beiden Menschen nicht folgsam waren. Aber so verhält es sich nicht. Die beiden haben eine Grenze überschritten, die Grenze von der Unbewusstheit zum Bewusstsein (und weil die Geschichte von den beiden zeigen soll, was alle Menschen tun, heißt das: Wir Menschen überschreiten alle diese Grenze). Nun haben sie eine Ahnung von gut und böse. Ein Tier hat diese Ahnung nicht. Es ist ja nicht so, dass in der Natur alles »gut« wäre. Da jagt und frisst ein Tier das andere, da gibt es Unfälle und Naturkatastrophen – die Natur ist kein Paradies, auch ohne den Menschen nicht. Das Paradies, wie es die Bibel malt, hat es nie gegeben. Nur: Ein Tier weiß nichts davon. Ein Tier kann Schmerz empfinden, aber es kann nicht darunter leiden, dass die Welt unvollkommen ist. In dem Moment, wo die Menschen Bewusstsein entwickeln (in der Geschichte: vom Baum der Erkenntnis essen), können sie unterscheiden. Sie beginnen, an den schlimmen Seiten der Welt – und an ihren eigenen – zu leiden. Das Paradies ist verloren, die Menschen leben jenseits von Eden. Und es gibt keinen Weg zurück. Wer einmal bewusst geworden ist, kann nicht wieder unbewusst werden. Deshalb benutzt die biblische Geschichte das Bild, dass ein Engel mit einem Flammenschwert vor dem Paradies steht und keinen mehr hineinlässt. Das ist ein Bild dafür, dass wir nicht verlernen können, dass es so etwas gibt wie gut und böse. Die Meinungen darüber, was gut ist und was nicht, mögen auseinander gehen. Aber dass nicht alles so ist, wie es sein könnte, und dass vor allem wir Menschen nicht immer so sind, wie wir sein könnten, das können wir nicht aus unserem Bewusstsein löschen. Wir sind jenseits von Eden. Und damit sind wir Gott – dem Bewusstsein schlechthin – einen Schritt näher gekommen.

FREI

Ich weiß nicht, ob David Schuldgefühle hat, als er aufbricht. Aber eins ist klar: Er ergreift seine Freiheit mit beiden Händen. Das ist gar nicht so selbstverständlich. Es gibt viele Menschen, die Angst vor der Freiheit haben. Sie unterwerfen sich lieber allen möglichen Zwängen, als dass sie ihre eigenen Entscheidungen treffen. Dabei leben wir in einem Land, in dem die Menschen sehr viele Rechte haben. Das ist nicht überall so. In manchen Ländern werden Menschen regelrecht unterdrückt, aus religiösen oder politischen Gründen, sie haben sehr viel weniger Freiheit als wir.

Und auch bei uns in Deutschland war das nicht immer so. Unter Hitler und den Nazis beispielsweise war praktisch jeder Schritt, den man tun konnte, vorgeschrieben. Ein brutales System von Spitzeln sorgte dafür, dass man auch insgeheim kaum einen Schritt neben der offiziellen Linie tun konnte. In der DDR war es ähnlich. Und trotzdem gab und gibt es Freiheit in diesen Ländern und Zeiten, nämlich eine innere Freiheit. Die Freiheit, zu denken und zu glauben, was du willst, auch wenn du vielleicht nicht offen darüber sprechen kannst. Ein altes Lied erzählt davon. Es ist gegen Ende des 18. Jahrhunderts entstanden. Das war eine Zeit, in der die Fürsten, Grafen und Herzöge in Deutschland uneingeschränkte Macht über ihre Untertanen beanspruchten und auch die Mittel hatten, diese Macht durchzusetzen. Und trotzdem gab es immer wieder Menschen, die sich ihre innere Freiheit bewahrten, sich nicht alles vorschreiben ließen und ihre eigenen Wege gingen – entweder nur für sich, in ihrem Herzen, oder in engen, verschworenen Zirkeln Gleichgesinnter.

Aber wenn du wirklich du selbst sein willst,
dann ist es absolut notwendig,
dass du dir überlegst: Was ist mir wichtig?
Was finde ich gut? Was gefällt mir?
Was möchte ich gern tun?

Die Gedanken sind frei, wer kann sie erraten?
Sie fliegen vorbei wie nächtliche Schatten.
Kein Mensch kann sie wissen, kein Jäger erschießen
mit Pulver und Blei: Die Gedanken sind frei.

Ich denke, was ich will und was mich beglücket,
doch alles in der Still und wie es sich schicket*.
Mein' Wunsch und Begehren kann niemand verwehren,
es bleibet dabei: Die Gedanken sind frei.

Und sperrt man mich ein im finsteren Kerker,
das sind alles rein vergebliche Werke!
Denn meine Gedanken zerreißen die Schranken
und Mauern entzwei: Die Gedanken sind frei.

* »wie es sich schicket« heißt hier: ohne aufzufallen

Der Mensch, der dieses Lied gedichtet hat, und die, die es damals (wahrscheinlich heimlich) sangen, wussten, dass es gefährlich sein konnte, laut zu sagen, was sie dachten. Aber die Gedanken kann keiner lesen, und deshalb kann sie auch keiner verbieten. Auch wenn das Diktatoren unterschiedlichster Art immer wieder versucht haben und versuchen.

Der Drang nach Freiheit

Die Menschen haben einen unstillbaren Drang nach Freiheit. Zu allen Zeiten gab es Rebellen, die gegen Unterdrückung aufstanden – angefangen bei Söhnen oder Töchtern, die ihre Familie verließen, weil sie die Vorstellungen und Vorschriften der Eltern als unerträglichen Zwang empfanden, bis hin zu Tyrannenmördern und Revolutionären, die gegen die Unterdrückung eines ganzen Volkes oder einer Minderheit aufstanden.

Nun leben wir, wie gesagt, in einem Land und in einer Zeit, die uns fast uneingeschränkte Freiheit bieten. Wahrscheinlich gab es in der Geschichte der Menschheit noch nie eine Gesellschaft, die so viel Freiheit ermöglichte. Du kannst fast alles sagen, was du willst, und du kannst praktisch alles tun, was dir einfällt – vorausgesetzt, du hast das nötige Kleingeld und du verletzt niemand dabei. Und trotzdem gibt es bei uns wenig wirkliche freie Menschen. Das liegt nicht daran, dass irgendjemand unsere Freiheit beschneidet, sondern daran, dass nur wenige sich die Freiheit, die sie haben, wirklich nehmen und sie gebrauchen. Es gibt unglaublich viel Konformität* und Anpassung. Nur wenige wagen es, sie selbst zu sein. Stattdessen orientieren sich die meisten an dem, was angesagt ist (bloß: Wer ist der Ansager?) und an dem, was die anderen tun (bloß: Weshalb tun die es gerade so und nicht anders? Und woran orientieren sich diese anderen?).

Du kannst die gegenüberliegende Seite dazu benutzen, zehn Dinge aufzuschreiben, die du gern tun würdest, aber aus irgendwelchen Gründen nicht tust. Und dann kannst du nachdenken: Warum tue ich das nicht, was ich gern täte? Wahrscheinlich sind die meisten Dinge, die du dir nicht traust oder erlaubst, nicht gefährlich und schaden keinem anderen Menschen. (Wenn du allerdings gern Amok laufen und zwanzig Leute umlegen möchtest, dann solltest du es dir schon noch einmal überlegen – und am besten jemand suchen, mit dem du darüber reden kannst! Aber die allermeisten unserer geheimen Wünsche sind ja gar nicht so extrem.) Weshalb nimmst du dir nicht die Freiheit, so zu sein wie du bist und das zu tun, wozu du Lust hast?

* Konformität (Gleichförmigkeit) bedeutet, dass jemand alles genauso macht wie die anderen. Das Gegenteil ist der Nonkonformist, ein Mensch, der sich nicht darum schert, was die anderen tun oder denken, sondern der sein Ding durchzieht.

Zehn Dinge, die ich gerne tun möchte

Klar, die anderen machen es auch nicht. Das ist natürlich ein wichtiges Argument. Denn wer dazugehören will, muss sich der Gruppe anpassen. Aber wer nur angepasst ist, macht auch keinen Stich. Und er verpasst vor allem das Wichtigste: sich selbst.

VERENA, 17, sagt: »Wenn ich mit der Clique unterwegs bin und ich bin mal nicht so gut drauf, darf ich das nicht zeigen. Denn wer nicht gut drauf ist, der ist schnell unten durch und wird nicht mehr akzeptiert.« Ich finde das furchtbar. Es ist doch ganz normal, auch mal einen schlechten Tag zu haben, an dem du missmutig oder traurig bist. Wenn das deine Freunde nicht aushalten, muss man echt fragen, ob das wirklich Freunde sind. Vielleicht wäre es für Verena

besser, einmal auszuprobieren, was passiert, wenn sie zeigt, wie sie wirklich drauf ist. Ob sie tatsächlich bei allen unten durch ist, oder ob es Leute gibt, die sie verstehen und sie so sein lassen, wie sie eben im Moment ist. Das könnten dann echt gute Freundinnen oder Freunde sein. Ich nehme an, dass du das auch kennst: Wenn du mit deinem besten Freund oder deiner besten Freundin zusammen bist, musst du nicht immer lustig und witzig und gut gelaunt sein. Da kannst du dich auch mal hängen lassen.

Aber es geht ja nicht nur um momentane Launen. Es geht auch um große Pläne und Ideen, um kleine Verrücktheiten, um das, was dir wichtig ist – letztlich um die Frage: Was willst du aus deinem Leben machen?

Viele so genannte Autoritäten – Eltern, Lehrer, Politiker – haben Probleme mit der Freiheit – jedenfalls mit der der anderen. »Wenn jeder machen würde, was er will, wo kämen wir denn da hin?«, sagen sie. Es gäbe ein totales Chaos, befürchten diese Leute wahrscheinlich. Mord und Totschlag. Aber ich glaube nicht, dass sie Recht haben mit ihren Befürchtungen. Ich glaube, das Leben wäre viel bunter und aufregender, wenn mehr Menschen machen würden, was sie wirklich wollen. Die Angst schnürt nur das Leben ein. Ja, wo kämen wir hin, wenn jeder sagen würde: Wo kämen wir hin – und keiner ginge, um nachzuschauen?

Natürlich kann man Freiheit auch missbrauchen. Ein sehr sprechendes Beispiel findet sich in dem Buch »Die unendliche Geschichte« von Michael Ende. Bastian Balthasar Bux, der Held der Geschichte, bekommt ein Amulett namens Auryn, das ihm Macht verleiht. Auf dem Amulett stehen die Worte: »Tu, was du willst.« Bastian versteht diese Worte so, dass er tun darf und soll, was ihm gerade so in den Sinn kommt, wozu er gerade Lust hat. Und er richtet sehr viel

Unheil an mit diesem Missverständnis. Um ein Haar geht ganz Phantásien drauf – die Welt, die Bastian einst gerettet hat. Lange muss Bastian wandern, alles muss er verlieren, am Ende sogar fast seinen Verstand. Bis er irgendwann, ganz unten, erkennt, dass er die Aufforderung von Auryn falsch verstanden hat. »Tu, was du willst«, sagt es ihm. Doch bisher wusste Bastian gar nicht, was er wirklich will, was sein tiefster und wahrer Wille ist.

Das ist das Geheimnis der Freiheit. Wenn du wirklich frei sein willst, musst du erst erkennen, was du wirklich willst, in deinem tiefsten Inneren. Natürlich kann ich nicht in dein Inneres reinschauen, aber wenn du ehrlich bist, dann dreht es sich wahrscheinlich nicht um das neueste Computerspiel oder die schicksten Klamotten. Vielleicht auch nicht um die Eins in Mathe oder darum, Torschützenkönig zu werden. Ich vermute, dass dein tiefster Wille etwas mit Liebe zu tun hat: geliebt zu werden und jemand zu haben, den du lieben kannst.

Was willst du wirklich?

Das macht die Sache nicht unbedingt einfacher. Bleiben wir bei David aus der Geschichte. Wir können davon ausgehen, dass er die Menschen ja auch liebt, die er verlässt. Eigentlich will er ihnen nicht wehtun. Und nun muss er sich entscheiden: Was ist mir wichtiger? Meine Sehnsucht nach der weiten Welt, nach dem ganz anderen? Oder zählt für mich mehr, dass die anderen kriegen, was sie sich wünschen – nämlich dass ich es mir noch einmal überlege und alles beim Alten bleibt?

Wie intensiv sich David mit diesen Fragen herumgeschlagen hat, steht in der Geschichte nicht. Jedenfalls wissen wir das Ergebnis: Er bricht auf. Er nutzt seine Freiheit und tut, was er selbst für richtig hält. Ob es tatsächlich das Beste ist, ob es wirklich das ist, was er im tiefsten Inneren will, kann zu diesem Zeitpunkt keiner sagen.

Es ist ja gar nicht so einfach herauszufinden, was du wirklich willst. Dazu musst du dich selbst immer besser kennen lernen. Und du lernst dich besser kennen, wenn du deinen Weg gehst. Dabei kann es dir passieren, dass du dich auch mal in einer Sackgasse verläufst und umkehren musst. Dass du auch mal Fehler machst.

Fehler sind eine Chance

Aber es ist ja so: Jeder Fehler ist eine Chance, zu lernen: Aha, das will ich nicht. Also mache ich es das nächste Mal anders. Um herauszufinden, was du wirklich willst, musst du bestimmt eine Menge Dinge tun, von denen du erst hinterher weißt, dass du sie eigentlich nicht willst. Trial and Error, Versuch und Irrtum. Bei diesem Verfahren ist es ganz natürlich und normal, Fehler zu machen.

Und das ist etwas, was Eltern und Lehrer (und Politiker) oft nur ganz schwer oder gar nicht kapieren: Es ist in Ordnung, Fehler zu machen. Hoppla, dieser Satz ist so wichtig, den schreibe ich gleich noch mal hin: Es ist in Ordnung, Fehler zu machen! Mehr noch:

Es ist wichtig, Fehler zu machen.
Denn nur so können wir lernen.

Als David von zu Hause aufbricht, weiß er nicht genau, was auf ihn zukommt. Er weiß nicht, ob er alles schaffen wird, was er sich vorgenommen hat. Und die Geschichte zeigt ja auch, dass er auf die Nase fällt. Aber das ist in Ordnung. Es ist in Ordnung, auf die Nase zu fallen! Das ist unvermeidlich, wenn ein Mensch seine Freiheit ausprobiert. Als du das Laufen gelernt (und damit ein riesiges Stück Freiheit dazu gewonnen) hast, bist du zigmal auf die Nase gefallen, oder zumindest auf den Hintern. Anders hättest du es nicht lernen können.

Das Wichtigste ist, dass du nicht aufgibst, wenn du einen Fehler gemacht hast. Wer Reiten lernt, weiß: Wenn du vom Pferd gefallen bist, musst du gleich wieder aufsteigen und es noch einmal probieren. Sonst ist die Sache gelaufen, weil mit jeder Viertelstunde, die seit dem Sturz vergeht, die Angst wächst. Also: gleich drauf und noch einmal das Ganze von vorn!

»Ja, beim Laufen lernen oder beim Reiten lernen«, könnte man jetzt einwenden, »da ist das ja klar. Aber im richtigen Leben darf man sich doch keinen Fehler erlauben, oder?« Doch, man darf. Es ist sogar ganz wichtig.

Die Angst, Fehler zu machen, ist der größte Feind der Freiheit.

Aber gibt es nicht auch Fehler, die man nicht machen darf, weil sonst alles aus ist? Das stimmt. Es gibt Dinge, die solltest du besser nicht ausprobieren, betrunken Auto fahren zum Beispiel. Oder Ecstasy schlucken. Ein Zirkusartist probiert seinen ersten Salto auch nicht auf dem Hochseil ohne Netz. Du musst deine Vernunft ja nicht abschalten.

Und noch ein »Aber«: Aber gibt es nicht wirklich Grenzen der Freiheit? Natürlich gibt es die. Deine Freiheit hat da ihre Grenze, wo die Freiheit deiner Mitmenschen beginnt. Oder da, wo du einen anderen – oder dich selbst – wirklich schädigen würdest. Allerdings fängt es da auch schon wieder an, schwierig zu werden. Nehmen wir noch einmal David. Vielleicht tut es dem Vater wirklich weh, seinen Sohn ziehen zu lassen. Aber wenn David nicht gehen würde, würde er sich selbst nichts Gutes tun. Er würde die Chance verpassen, seine eigenen Erfahrungen zu machen und sein eigenes Leben zu leben. Er muss sich entscheiden. Und die Entscheidungen, die das Leben von uns fordert, sehen oft so aus, dass wir so oder so jemand wehtun. Selbst dann, wenn wir ausweichen, gar keine Entscheidung treffen und alles nur so dahinlaufen lassen.

Da ist zum Beispiel HARALD. Er ist 18, und seine Freundin Moni ist 17. Moni ist von Harald schwanger geworden. Für Harald kommt es keinesfalls in Frage, Moni einfach sitzen zu lassen und das ganze Problem auf sie abzuwälzen. Soll er nun von Moni verlangen, das Kind abzutreiben? Oder soll er sie ermutigen, das Kind zu bekommen? Sollen sie sich darauf einlassen, Eltern zu werden, auch wenn dadurch ihre sämtlichen Pläne durcheinander geworfen werden? Es gibt in solchen Fragen keine Patentlösungen. Harald und Moni werden sich entscheiden müssen, und egal wie die Entscheidung ausfällt, leicht wird es nicht.

Die beiden müssen sich fragen: Was ist mir das eine wert, und was ist mir das andere wert? Welche Verletzung wiegt schwerer? Die Aufforderung: »Tu, was du willst« – das heißt das, was du wirklich im tiefsten Inneren willst – setzt voraus, dass ich weiß, was ich will. Dass ich mich selbst kennen lerne. Und genau dazu bricht David auf. Er hat einen Weg gewählt, der nur im ersten Moment der leichtere Weg zu sein scheint. Aber es ist auf jeden Fall sein Weg.

SEX AND DRUGS AND ROCK'N'ROLL

David geht also seinen Weg. Wie sieht der aus? Jesus, von dem die Geschichte ja stammt, sagt darüber nicht viel. »Dort lebte er in Saus und Braus und verjubelte alles«, heißt es. Mehr nicht. Wir können es uns ausmalen, was das bedeutet. Wahrscheinlich hat er eine Party nach der anderen gefeiert, gut gegessen und mehr als genug getrunken, er hat Mädchen ausgeführt und seine neuen Freunde eingeladen. Er verschleudert seinen Besitz, das ganze Geld, das sein Vater ihm mitgegeben hat. Er scheint gar nichts von dem zu tun, wovon bisher die Rede war: seinen eigenen Weg gehen, herausfinden, was er wirklich will und so weiter. Er nimmt mit, was er kriegen kann, lässt den lieben Gott einen guten Mann sein und haut alles auf den Kopf. Kein Gedanke an Jobsuche, arbeiten, sein Geld anlegen oder ähnliches. Die große Sause.

**Das Leben ist zu kurz,
um alle Fehler
selbst zu machen!**

MY WAY

(Frank Sinatra)

And now, the end is near;
And so I face the final curtain.
My friend, I'll say it clear,
I'll state my case, of which I'm certain.

I've lived a life that's full.
I've traveled each and ev'ry highway;
But more, much more than this,
I did it my way.

Regrets, I've had a few;
But then again, too few to mention.
I did what I had to do
And saw it through without
exemption.

I planned each charted course;
Each careful stepp along the byway,
But more, much more than this,
I did it my way.

Yes, there were times, I'm sure
you knew
When I bit off more than I could chew.
But through it all, when there
was doubt,
I ate it up and spit it out.
I faced it all and I stood tall;
And did it my way.

I've loved, I've laughed and cried.
I've had my fill; my share of losing.
And now, as tears subside,
I find it all so amusing.

AUF MEINE WEISE

Und jetzt, wo ich kurz vor dem Ende stehe
Und warte, dass der letzte Vorhang fällt,
mein Freund, will ich es ganz klar sagen,
ganz genau, worauf es mir ankommt.

Mein Leben war angefüllt,
ich bin auf allen Straßen gefahren.
Aber was viel mehr bedeutet:
Ich hab's auf meine Weise gemacht.

Ein paar Dinge hatte ich zu bereuen,
doch eigentlich ist das nicht der Rede wert.
Ich habe getan, was ich tun musste,
und habe alles ohne Ausnahme
durchgestanden.

Ich bin jeden vorgezeichneten Weg gegangen,
jeden vorsichtigen Schritt am Straßenrand.
Aber was viel mehr bedeutet:
Ich hab's auf meine Weise gemacht.

Ja, es gab Zeiten, die kennst du sicher auch,
da hab ich mehr abgebissen, als ich kauen
konnte.
Aber auch, wenn es Zweifel gab,
ich hab alles aufgegessen – oder ausgespuckt.
Ich habe mich allem gestellt, bin nicht
ausgewichen
und hab's auf meine Weise gemacht.

Ich habe geliebt, gelacht, geweint.
Ich hatte meinen Teil, hab oft genug verloren.
Doch jetzt, wo die Tränen getrocknet sind,
finde ich alles eher zum Lachen.

To think I did all that;
And may I say – not in a shy way,
»No, oh no not me,
I did it my way«.

For what is a man, what has he got?
If not himself, then he has naught.
To say the things he truly feels;
And not the words of one who kneels.
The record shows I took
the blows –
And did it my way!

Wenn ich denke, was ich alles hinter mir habe,
kann ich ohne Scheu sagen:
»Nein, o nein, ich nicht,
Ich hab's auf meine Weise gemacht.«

Denn was ist ein Mensch, was besitzt er schon?
Wenn er sich selbst nicht hat, hat er nichts.
Er muss die Dinge sagen, die er wirklich fühlt,
nicht die Worte eines Sklaven.
Der Rückblick macht es klar: Ich habe die Schläge
eingesteckt
und alles auf meine Weise gemacht.

Wie es weitergeht, wissen wir, weil wir die Geschichte kennen. Und auch wenn wir sie nicht kennen würden, könnten wir schon sehen, worauf es hinausläuft. Irgendwann hat er alles durchgebracht. Und nun? Nun können wir den großen Zeigefinger erheben und ganz klug sein und sagen: Das wird böse enden. Ich hab's ja gleich gesagt.

Aber – hat er nicht Recht? Ist es nicht sein gutes Recht, mit seiner Kohle zu machen, wozu er Lust hat? Wo steht denn geschrieben, dass man sein Geld hübsch brav hüten und möglichst gut vermehren muss? Was ist daran so schlimm, wenn er in den Tag hinein lebt und sein Leben in vollen Zügen genießt?

Ist Gott wirklich so langweilig?

»Pfui Teufel!«, höre ich da die Leute mit den erhobenen Zeigefingern rufen. »Das Leben ist kein Zuckerschlecken. Wie kann er nur das ganze Geld, für das sein Vater hart geschuftet hat, einfach so verpulvern?« Ganz so, als sei es überhaupt nicht in Ordnung, wenn jemand es sich gut gehen lässt, statt hübsch ordentlich jeden Tag zur Arbeit zu gehen und sich allenfalls, nach Feierabend, mal ein Bierchen in der Stammkneipe zu gönnen. Leider hört man solche Töne oft vor allem von Christen. Leute aus der Kirche tun oft so, als hätte der Teufel alles erfunden, was Spaß macht. Das Tanzen, den Alkohol, das Spielen, den Sex, den Rock 'n' Roll und alles, was dazu gehört. Gottseidank sagen das nicht alle Christen. Es gibt zum Beispiel richtig gute Rockmusik, die von überzeugten Christen gemacht wird. Sie sagen: »Why should the devil have all the good music?« – »Warum sollte der Teufel die ganze gute Musik haben?«, und rocken los, was das Zeug hält. Natürlich gibt es viele Musiker, die zum Beispiel Drogen nehmen und sich zu Grunde richten. Viele Rockmusiker sind an Drogen gestorben – vor allem in den sechziger und siebziger Jahren, so zum Beispiel Jimi Hendrix. Aber das liegt nicht an der Musik, die sie gemacht haben. Musik ist überhaupt nichts Schlechtes, und man kann Gott genauso gut mit einem fetzigen Rock-Song loben wie mit einem uralten Kirchenlied – vielleicht sogar besser. Und warum sollte es keinen Spaß machen dürfen, Gott zu loben? Ist Gott wirklich so langweilig? Das kann ja wohl nicht sein.

Und dann natürlich die Sache mit dem Sex. Es kam ja schon bei der Story von Adam und Eva zur Sprache: Manche Kirchenleute tun so, als hätte der Teufel den Sex erfunden, als sei Sex etwas ganz Schlimmes und Verbotenes. So, als seien Sünde und Sex so ziemlich dasselbe. Aber das ist Quatsch! Jemand hat einmal gesagt: »Mit Sex kannst du Gott nicht schocken. Er hat ihn erfunden!« Logisch: Wenn es stimmt, dass Gott die Menschen geschaffen hat, dann hat er auch den Sex erfunden. Gott, und nicht der Teufel.

Und Gott will sicher, dass wir Menschen Spaß am Sex haben, sonst hätte er ihn nicht so schön gemacht. Er hätte nicht dafür gesorgt, dass Sex die schönste Weise ist, wie zwei Menschen einander ihre Liebe zeigen können.

Natürlich kann man Sex auch missbrauchen und andere damit verletzen oder versklaven. Aber das liegt nicht am Sex, sondern an den Menschen, die mit den schönsten und besten Gaben oft nicht umgehen können.

Genauso ist es mit dem Alkohol. In der Bibel steht, dass Gott den Wein erfunden hat, damit der Mensch Freude am Leben hat. Und das stimmt ja auch. Die richtige Menge Alkohol kann einen Menschen oder eine Gruppe wirklich in gute Stimmung versetzen. Und daran ist überhaupt nichts Schlimmes. Aber natürlich kann man Alkohol ganz böse missbrauchen. Alkohol ist in unseren Breiten die Droge Nummer eins. Jedes Jahr sterben ein paar hundert Menschen an Heroin oder Kokain, und zigtausend Menschen am Alkohol – entweder weil sie sich zu Tode saufen oder weil sie betrunken ins Auto steigen. Aber das liegt nicht am Alkohol selbst. Es liegt daran, dass viele Menschen nicht gelernt haben mit Schwierigkeiten umzugehen, und sich stattdessen lieber zusaufen. Damit sie ihre Probleme nicht spüren. Das ist natürlich viel einfacher und bequemer, als nach Lösungen zu suchen.

Nichts verteufeln

Es kommt immer drauf an, was man daraus macht. Mit einer Axt kann man Brennholz klein machen, oder man kann seinem Nachbarn damit den Schädel spalten. Aber das liegt nicht an der Axt, sondern an dem, der sie in die Hand hält. Alles Schöne kann zu ganz schrecklichen Dingen missbraucht werden. Aber deswegen die Musik, das Tanzen, den Alkohol, den Sex zu verteufeln, das ist ziemlich daneben.

Hast du gewusst, dass Jesus sich mal den Vorwurf anhören musste, er sei ein »Fresser und Weinsäufer« und treibe sich mit Huren und kriminellem Gesindel

herum? Wahr ist, dass Jesus kein Kind von Traurigkeit war, dass er gern gefeiert hat. Wenn Gott zu den Menschen kommt, so wird er nicht müde zu betonen, dann geht es zu wie bei einem großen Fest. Und das erste Wunder, das von ihm erzählt wird, geht so: Bei einer Hochzeit, als alle schon bedüdelt sind, geht der Wein aus. Und was macht Jesus? Er verwandelt Wasser in Wein, nicht etwa einen Schoppen oder so, sondern sechs Hektoliter, in Worten: sechshundert Liter (nachzulesen im 2. Kapitel des Johannesevangeliums)! Ob das nun so geschehen ist oder nicht, eins ist klar: Jesus hat gern gefeiert. Und er sagt, dass Gott uns das Feiern gönnt. Dass Gott dabei ist, wenn Menschen es sich gut gehen lassen.

Mit keinem Wort kritisiert Jesus den jungen Mann, der sein Geld verpulvert. Natürlich ist es unvernünftig, wenn er alles raushaut, was er hat. Und er bekommt ja auch die Konsequenzen zu spüren. Aber er hat von seiner Kohle wahrscheinlich mehr als Dagobert Duck, der sich nie etwas gönnt – außer dem zweifelhaften Vergnügen, in seinen »Talerchen« zu baden.

Aber halt! Ist es nicht in allen Religionen so, dass der Weg zu Gott über Askese führt, das heißt über Enthaltsamkeit und harte Übung? Ein Yogi in Indien isst nur einmal am Tag und trinkt nichts als Wasser. Die tibetischen Mönche verbringen ihr Leben in ihrem Kloster in den Bergen und meditieren. Oder die Zen-Mönche in Japan: Sie sitzen viele Stunden vor einer weißen Wand und versuchen, ihre Gedanken, Emotionen, Begierden, Sehnsüchte und Ängste loszulassen. Und auch im Christentum gibt es die Auffassung, dass, wer es ganz ernst meint mit Gott, am besten ins Kloster geht und der Welt entsagt. Wo ist da Platz fürs Feiern?

Die Wege, Gott zu finden, sind verschieden

Ich glaube, es ist so: Die Menschen sind verschieden, und deswegen sind auch ihre Wege, Gott oder das wahre Leben zu finden, verschieden. Auch in Sachen Religion muss jeder Mensch seinen eigenen Weg gehen. Für den einen kann das tatsächlich heißen, auf Genuss, Familie und Besitz zu verzichten. Für jemand anders kann es ganz anders aussehen. Es gibt nicht den einen Weg, der für alle in gleicher Weise gültig ist. Deswegen darf der, der den Weg des Verzichts geht, nicht auf den herabsehen, der die Schönheiten der Welt genießt. Und umgekehrt.

Ich möchte noch einmal Hermann Hesse zitieren. In seinem Roman »Siddhartha« erzählt er von einem jungen Mann in Indien, der als Priester erzogen wird und einmal die Nachfolge seines Vaters antreten soll, der als hoch geachteter und mächtiger Mann in einem Dorf lebt. Dann aber trifft er einen Yogi und Asketen, der arm und heimatlos durch die Welt zieht. »Das ist der wahre Weg zu Gott!«, denkt sich Siddhartha, denn er meint, wer so radikal auf alles verzichtet, dem muss es wirklich ernst sein. So verlässt er seine Familie und sein Dorf, folgt dem Yogi und lernt Verzicht und Meditation. Aber irgendwann spürt er, dass er auch auf diesem Weg keine Antwort auf seine Fragen findet. Er trifft eine schöne, reiche Frau und lässt sich von ihr in ihr Haus (und in ihr Bett) einladen. Auf einmal zählt die ganze Askese nichts mehr, er lebt an der Seite der Frau in Saus und Braus, erlebt die feinsten Genüsse, hat Macht, lernt, mit Geld umzugehen, und genießt all das. Doch mit der Zeit kommen die alten Fragen wieder. Auch auf dem Weg der Lust ist das »Eigentliche« nicht zu finden. Schließlich nimmt er sein Wanderleben wieder auf und beendet sein Leben als Fährmann, der Wanderer und Kaufleute von einer Seite des Flusses auf die andere bringt.

Alles hat seine Zeit

In welcher Phase seines Lebens war er seiner Bestimmung am nächsten? Was war wirklich sein eigener, wahrer Weg? Anscheinend ist es so, dass Siddharthas Weg alles umfasste: Reichtum und Macht ebenso wie Armut und Heimatlosigkeit, Meditieren und Verzichten ebenso wie Genuss und Feiern. Und im Hinduismus, der Religion Indiens, gibt es eine Tradition, dass sich ein Mensch nach der Zeit in Beruf und Familie auf den Weg der Meditation und des Verzichts macht, bis er schließlich als Alter in die Wälder geht und sein Leben als Einsiedler verbringt. Ich weiß nicht, ob das tatsächlich viele Menschen so machen. Aber der Gedanke dahinter beeindruckt mich: Es gibt eine Zeit für das eine und eine Zeit für das andere, und keins von beiden ist das Richtigere. Übrigens findet sich dieser Gedanke auch in der Bibel.

Alles hat seine Zeit,
und jedes Vorhaben unter dem Himmel
hat seine Stunde:
geboren werden und sterben,
einpflanzen und ausreißen,
töten und Leben retten,
niederreißen und aufbauen,
weinen und lachen,
wehklagen und tanzen,
Steine werfen und Steine aufsammeln,
sich umarmen und
sich aus der Umarmung lösen,
finden und verlieren,
aufbewahren und wegwerfen,
zerreißen und zusammennähen,
schweigen und reden.
Das Lieben hat seine Zeit
und auch das Hassen,
der Krieg und der Friede.

Prediger Salomo (Kohelet), Kapitel 3

In der Geschichte des Christentums und der Kirchen ist da einiges schief gelaufen. Leider. Zwar haben die Kirchenleute immer daran festgehalten, dass Gott die Welt gut geschaffen hat. Steht ja auch in der Bibel: Im Schöpfungsbericht im ersten Kapitel der Bibel wird immer wieder gesagt: »Und was Gott gemacht hatte, war sehr gut.« Aber dann kommt ja die Schlange und Evas Biss in den Apfel. Das wurde dann eben so verstanden, dass in der Schlange der Teufel saß, der Eva und Adam und damit alle Menschen zum Bösen verführt hat, und so sei die ganze, ursprünglich sehr gute Welt im wahrsten Sinn zum Teufel gegangen. Nun ist nichts mehr gut, und vor allem das, was den Menschen Spaß macht, ist ganz schlimm. Die gute Schöpfung wird verteufelt.

Das ist ein großes, arges Missverständnis. Im dem Kapitel »Jenseits von Eden« habe ich schon davon gesprochen, dass dieser Gedanke vom »Sündenfall«, durch den plötzlich alles schlecht geworden sein soll, verkehrt ist. Wenn aber dieser »Sündenfall« gar kein Sündenfall war, sondern ein Schritt zum Erwachsenwerden und zum Bewusstsein, dann ist die Welt immer noch gut. Dann haben die nicht Recht, die den Genuss und den Spaß und vor allem den Sex verteufeln.

Dann ist es in Ordnung, sein Leben zu genießen und Spaß zu haben. Mit einer – wichtigen – Einschränkung: Kein Mensch darf andere Menschen ausbeuten und auf Kosten anderer seinen Spaß haben.

Das zieht sich von A bis Z durch die Bibel. Jetzt habe ich ziemlich viel von Bibel und Christentum geschrieben. Aber das ist nun mal die Religion, die bei uns vorherrscht und in die du hineingeboren bist, zu der du auch ja gesagt hast in deiner Konfirmation oder Firmung – wie ernst oder nicht ernst es dir mit diesem Ja auch war und ist. Ich bringe aber bewusst auch immer wieder Beispiele aus anderen Religionen, weil ich glaube, dass wir Christen von den anderen ziemlich viel lernen können. Die anderen von uns auch, natürlich. Ich glaube nicht, dass irgendein Mensch auf dieser Erde die ganze Wahrheit hat. Deswegen müssen wir miteinander reden, aufeinander hören und voneinander lernen.

Und David? Dass er sein Geld verjubelt, ist also erst mal nichts Unmoralisches oder Schlechtes. Er hat keine Familie zu versorgen, er kann mit seinem Besitz tun und lassen, was er will. Es ist unvernünftig, okay. Und er bekommt auch die Folgen seiner Unvernunft zu spüren. Was wir Menschen tun, hat Konsequenzen, hat Folgen. Wer alles verschleudert, hat am Ende nichts mehr. Und er muss das Leben plötzlich von der anderen Seite aus anschauen, von der Seite der Habenichtse und armen Schlucker. Da sieht alles erst mal ganz anders aus. Die Konsequenzen können ganz schön hart sein, wenn jemand unvernünftig ist. Und für David wird es hart. Mit knurrendem Magen muss er Schweine hüten. Aber das ist keine Strafe, sondern einfach die Folge seines Handelns.

Hat er nun gefunden, was er gesucht hat? Ist er seinem Traum näher gekommen, seiner Ahnung, dass es doch mehr als alles geben muss? Wir werden es sehen, wenn wir ihn noch etwas weiter begleiten auf seinem Weg.

»ES IST, WAS ES IST, SAGT DIE LIEBE«

Aber zuerst möchte ich mit dir noch über ein wichtiges Thema nachdenken. David ist jung, aktiv und lebenslustig. Es kann fast nicht ausbleiben, dass er sich verliebt oder vielleicht sogar seine große Liebe findet. Das ist ja das Wichtigste im Leben, vor allem (aber ganz bestimmt nicht nur!) in jungen Jahren. In der Geschichte wird davon nichts erzählt. Einzig und allein der ältere Bruder spricht von den Frauen, die David möglicherweise auf seinem Weg gehabt hat. Aber der Bruder spricht nicht von Liebe. Er wirft David vor, dass er sein Geld mit Huren durchgebracht hat, mit Frauen, die sich dafür bezahlen lassen, dass sie Männern Sex geben.

Träume leben

Ich finde es ziemlich bezeichnend für diesen Bruder, dass er als Einziger in der Geschichte von Huren spricht. Er kann sich gar nicht vorstellen, dass es anders wäre. Wahrscheinlich würde er es genauso machen, wenn er seine heimlichsten, uneingestandenen Träume ausleben würde. Wenn er selbst, so wie David, auf den Ruf gehört hätte und aufgebrochen wäre. Natürlich sind diese Wünsche und Träume so geheim, dass er selbst nichts davon weiß. Das geschieht bei uns Menschen oft, dass wir uns tiefe Sehnsüchte und Wünsche nicht eingestehen. Wir verbannen sie in den Schattenbereich unserer Seele, ins so genannte Unbewusste. Aber damit sind sie ja nicht einfach weg. Sie wollen auch ihr Recht, und sie holen es sich. Manchmal brechen sie nachts in unseren Träumen hervor. Und oft »projizieren« wir sie. Das ist wie bei einem Diaprojektor. In dem steckt ein kleines Bildchen, das man von außen gar nicht sehen kann (so wie tief in uns unsere geheimsten Wünsche stecken, von außen unsichtbar). Wenn du den Projektor anschaltest, wird das Bild nach draußen »geworfen«, projiziert. Es erscheint auf irgendeiner Leinwand oder sonst einer Projektionsfläche, viel größer als das Original und oft genug auch verzerrt – wenn nämlich die Leinwand schief steht oder die Projektionsfläche uneben ist.

So machen wir Menschen das, du und ich, und natürlich auch Davids älterer Bruder. Er steckt voll von unerfüllten Wünschen, die er sich nicht eingesteht, und die projiziert er auf den »Kleinen«. Er hätte vielleicht gern selbst hemmungslosen Sex mit vielen Frauen, aber das traut er sich nicht, er traut es sich nicht mal wirklich zu denken. Aber David, der sowieso immer macht, was ihm passt, der dient nun hervorragend als Projektionsfläche. Der hat bestimmt rumgehurt und reihenweise Frauen verbraucht, na klar. Der ältere Bruder merkt dabei gar nicht, dass er mit seinen Vorwürfen viel mehr über sich selbst sagt als über David. Aber so ist das mit dem Projizieren. Das kleine unsichtbare Bildchen in uns selbst wird erst sichtbar, wenn es nach draußen geworfen wird, aber das Original steckt im Projektor, in uns selbst.

Die Geschichte selbst erzählt, wie gesagt, gar nichts zu diesem Thema. Ich kann mir allerdings kaum vorstellen, dass David keine Frau getroffen haben sollte, in die er sich verliebt hat. Und deshalb steht an dieser Stelle in diesem Buch das Kapitel über die Liebe.

Was ist eigentlich Liebe?

Es gibt wahrscheinlich kein Thema auf der Welt, über das so viel geredet wird wie über die Liebe. Es gibt kaum einen Film, in dem nicht eine Liebesgeschichte im Mittelpunkt steht oder wenigstens als wichtige Nebenhandlung vorkommt. Wenn ein Buch verfilmt wird, in dem es keine Liebesgeschichte gibt (etwa »Der Name der Rose« oder »Der Herr der Ringe«), wird eine dazugedichtet. Und die gesamte Musikindustrie würde auf einen Schlag zusammenbrechen, wenn die Liebe nicht mehr besungen werden dürfte.

Dabei ist es gar nicht so leicht zu sagen, was Liebe eigentlich ist. Und trotzdem, oder gerade deshalb, müssen wir darüber nachdenken und reden.

Die Liebe zwischen zwei Menschen beginnt meistens mit dem Verlieben, mit der Leidenschaft, und leider bleibt sie dabei oft auch stehen. Deswegen gehen viele Liebesgeschichten so bald wieder zu Ende.

**Denn Verliebtsein und Liebe sind zwei verschiedene Dinge.
Verliebtsein ist wichtig und notwendig,
damit Liebe wachsen kann, aber es ist noch lang nicht Liebe.**

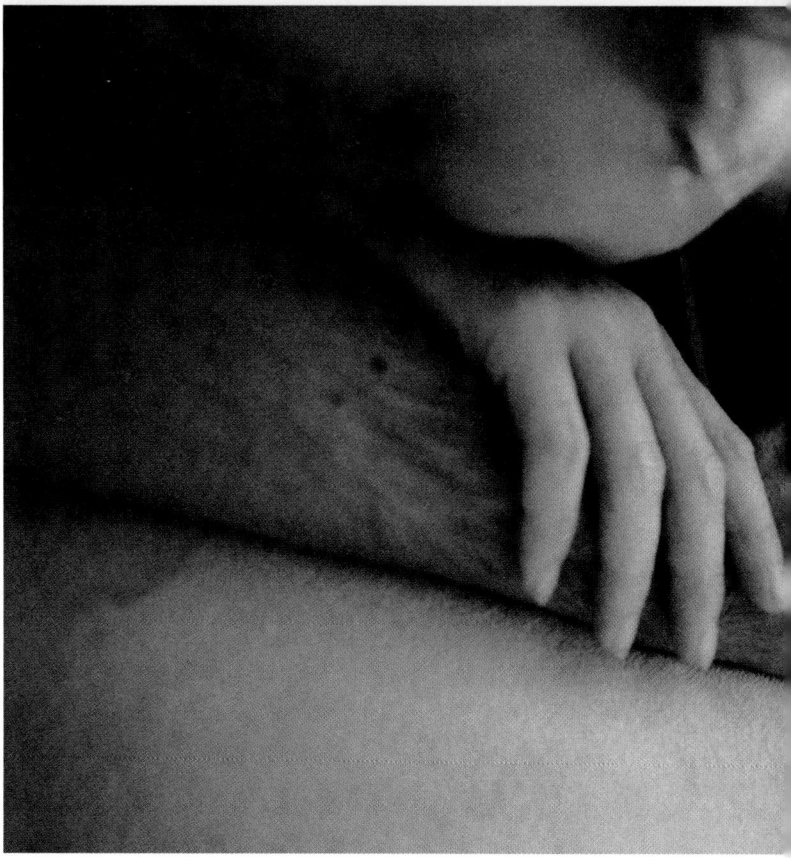

Wenn ich mich verliebe, drehen sich all meine Gedanken und Gefühle nur noch um diese eine Frau, in die ich mich verliebt habe. (Nachdem ich ein Mann bin, spreche ich von einer Frau. Wenn du ein Mädchen bist, denke dir einfach »ein Junge« oder »ein Mann«.) Das Verliebtsein geht gewissermaßen von dieser Frau aus. Wenn ich sie nicht getroffen hätte, wäre ich nicht verliebt. Sie ist die Quelle meiner Leidenschaft, meiner Emotionen, die mich so durchschütteln, so selig machen oder auch so unbeschreiblich unglücklich – wenn sie mich nicht erhört.

Liebe ist etwas anderes. Liebe wird nicht von dem geliebten Menschen erzeugt, sie entsteht nicht erst dann, wenn ich einen Menschen treffe, der mir gut gefällt. Liebe ist eine Fähigkeit, die in uns Menschen angelegt ist, und die sich zunächst

**Wer wirklich
lieben will,
kann das nur,
wenn er gut ist
zu sich selbst.**

einmal auf gar niemand richten muss. Natürlich findet die Liebe immer ein Gegenüber. Aber dieses Gegenüber muss nicht die Traumfrau sein oder der Märchenprinz. Liebe kann sich auf die eigenen Eltern beziehen oder auf die eigenen Kinder, das ist auch jedem sofort einsichtig. Wer lieben kann, wer die Kunst des Liebens beherrscht, der liebt beispielsweise auch Menschen, von denen er nichts zurückbekommt. Seine Mitmenschen, ob sie hilfsbedürftig sind oder stark. Wer lieben kann, sieht in seinen Mitmenschen die Verwandten, die Mit-Menschen, die sich genauso mit ihrem Leben abstrampeln müssen wie er selbst, die glücklich sein und leiden können. Das Gebot »Liebe deinen Nächsten wie dich selbst« kann man auch so übersetzen: »Liebe deinen Mitmenschen, denn er ist wie du.«

Dieses Gebot enthält aber auch noch einen anderen sehr wichtigen Gedanken: Wenn ich meinen Mitmenschen lieben möchte wie mich selbst – dann muss ich ja erst mal sehen, ob ich mich selbst denn überhaupt liebe. Wenn ich mit mir selbst auf Kriegsfuß stehe und mich nicht leiden kann – wie soll ich da einen anderen Menschen lieben können? Das ist ein sehr wichtiger Gedanke. Denn immer wieder kann man von der »selbstlosen« Liebe hören, die gar nichts für sich selbst übrig hat und alles nur für den anderen aufopfert. Das kann auf die Dauer nicht gut funktionieren.

Oft wird ein Unterschied gemacht zwischen der erotischen Liebe, das heißt in den meisten Fällen der Liebe zwischen einem Mann und einer Frau, und der Nächstenliebe. Aber eigentlich sind beide Arten nur unterschiedliche Formen derselben Fähigkeit zu lieben. Bei der erotischen Liebe kommt natürlich das Verliebtsein dazu, die Leidenschaft, die sexuelle Anziehung. Darin unterscheidet sich die erotische Liebe tatsächlich von der Nächstenliebe. Kein Mensch wird von einer Krankenschwester, die aus Nächstenliebe ihren Beruf gewählt hat, verlangen, dass sie sich in ihre Patienten verlieben muss, damit sie sie gut und hingebungsvoll pflegen kann.

Wenn du dich verliebst, kann das ein ganz starker magischer Moment sein. Es kann dich völlig aus deinen gewohnten Bahnen werfen, dich erschüttern bis ins Mark. Es kann ein Ruf sein, eine Tür, durch die du gehst, auf einen Weg, den du mit einem bestimmten Menschen teilst. Das Problem beim Verliebtsein ist, dass es auch wieder verschwindet. Ich kenne keinen Menschen, der seit 20 Jahren mit ein und demselben Partner zusammen ist und immer noch schwitzige Hände und rote Ohren und Herzrasen bekommt, wenn er an den geliebten Menschen denkt. Und trotzdem können zwei Menschen auch nach 20 Jahren in tiefer Liebe verbunden sein – auch wenn das anscheinend selten geworden ist.

Das geht nur, wenn beide entdeckt haben, dass die Liebe nicht vom Gegenüber abhängt: von seinem tollen Ausehen, dem netten Lächeln, der Fürsorge, die er für mich zeigt. Liebe richtet sich zwar auf einen bestimmten Menschen, aber sie entsteht in dir selbst, und du kannst sie pflegen und dich darin sogar üben. Zum Beispiel kannst du dich bei einem Streit daran erinnern, dass ihr euch nicht immer gestritten und dass ihr viele gute und schöne Zeiten miteinander gehabt habt. Und du kannst versuchen zu sehen, was dein eigener Anteil ist (den du vielleicht auf den anderen projiziert hast). Dann wächst neben der Wut und der Enttäuschung, die auch ihren Platz haben dürfen, die Liebe wieder. Und das gilt für beste Freundinnen oder Freunde ebenso wie für Liebespaare.

Das Beste für einen Menschen wollen

Wenn du einen Menschen liebst, heißt das, dass du das Beste für diesen Menschen willst. Es kommt immer wieder vor, dass ein Mann eine Frau schlägt oder gar umbringt (selten umgekehrt), weil sie sich von ihm trennen will oder getrennt hat. Dann heißt es manchmal, der Mann habe »aus Liebe« gehandelt. Das ist großer Quatsch! Die Liebe will das Beste für den anderen, und Schläge, Misshandlungen oder ein zu früher Tod sind ziemlich sicher nicht das Beste. Diese Männer prügeln, weil sie sich gedemütigt fühlen, weil sie ihre Frau als ihren persönlichen Besitz betrachten, den niemand anders für sich beanspruchen darf. Sie handeln bestenfalls aus Leidenschaft, aber ganz bestimmt nicht aus Liebe.

Auch Eifersucht ist kein Zeichen von Liebe. KONSTANTIN ist schrecklich eifersüchtig. Wenn Daniela einen anderen Jungen anlächelt oder mit ihm spricht, gehen bei ihm die Sicherungen durch. Daniela hat ein paar gute Freunde – »Nichts fürs Herz«, sagt sie, »aber mit denen verstehe ich mich halt einfach gut.« Philipp kennt sie schon aus dem Sandkasten, und ab und zu will sie ihn einfach sehen und mit ihm ratschen. Das treibt Konsti fast zum Wahnsinn. Er malt sich die schlimmsten Szenen aus, wie Philipp über Daniela herfällt oder wie sie ihn verführt. Selbst wenn Daniela mal mit Claudia, ihrer besten Freundin, einen Nachmittag verbringen und »Weibergespräche« führen will, ist Konstantin eifersüchtig. Was reden die beiden wohl miteinander? Was sagt Daniela über ihn?

Eifersucht

Konstantins Eifersucht ist kein Zeichen seiner Liebe. Sie ist ein Zeichen seiner Angst. Im Grunde hat er wahnsinnige Angst, dass Daniela ihn verlassen könnte. Die tiefere Wurzel seiner Angst ist, dass er sich eigentlich gar nicht vorstellen kann, dass irgendjemand ihn wirklich mag und ihm auf Dauer treu sein kann. Er kann sich nämlich selbst nicht besonders gut ausstehen. Er hat kein besonders gut entwickeltes Selbstvertrauen und hat von sich selbst keine besonders hohe Meinung. Deshalb kann er es gar nicht wirklich glauben, wenn Daniela ihm sagt, wie lieb sie ihn hat. Und deshalb ist er ständig misstrauisch und erwartet geradezu, dass sie ihn betrügt oder verlässt.

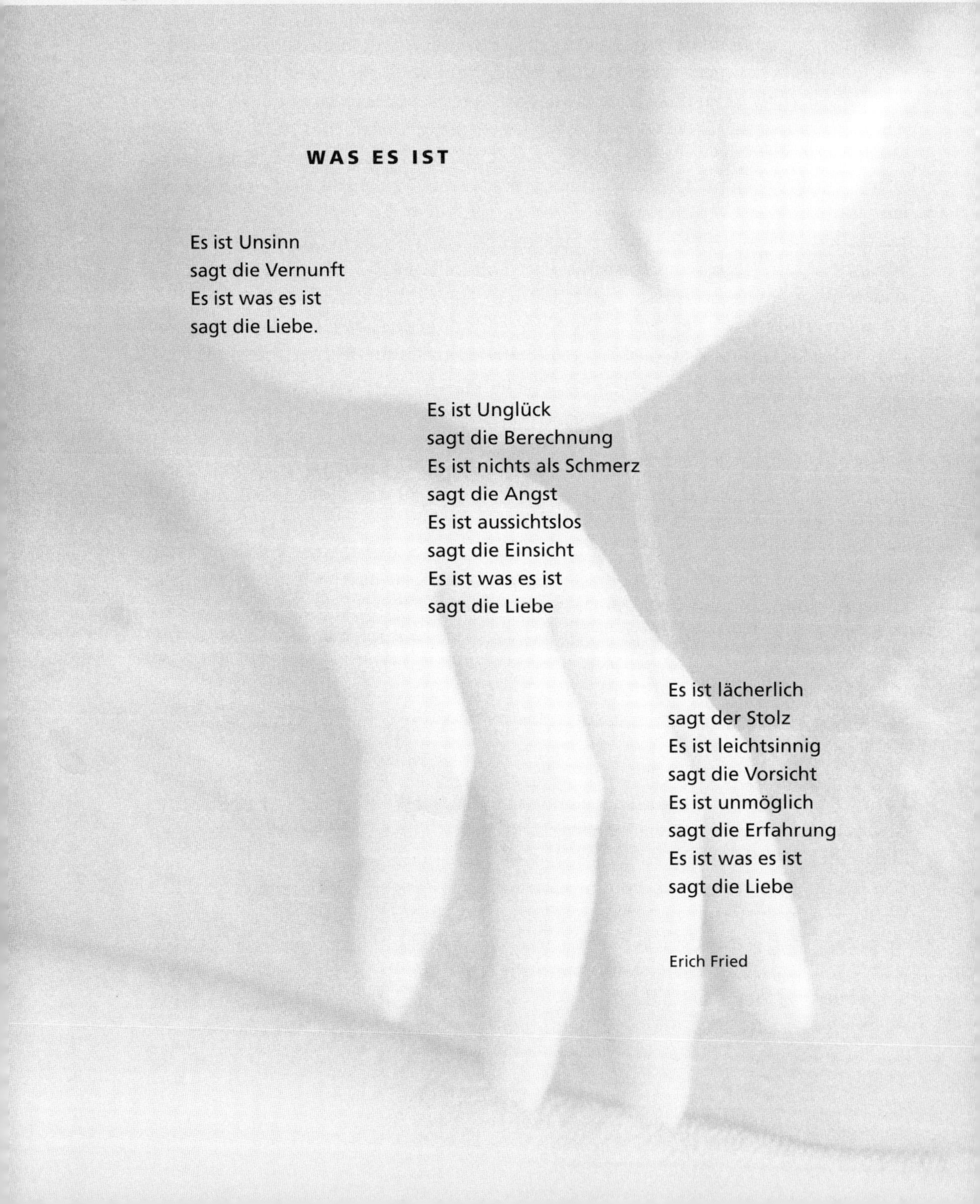

WAS ES IST

Es ist Unsinn
sagt die Vernunft
Es ist was es ist
sagt die Liebe.

Es ist Unglück
sagt die Berechnung
Es ist nichts als Schmerz
sagt die Angst
Es ist aussichtslos
sagt die Einsicht
Es ist was es ist
sagt die Liebe

Es ist lächerlich
sagt der Stolz
Es ist leichtsinnig
sagt die Vorsicht
Es ist unmöglich
sagt die Erfahrung
Es ist was es ist
sagt die Liebe

Erich Fried

Auch für die Liebe zwischen Mann und Frau gilt: »Liebe deinen Nächsten wie dich selbst.« Mit dem Verliebtsein ist es nicht getan. Liebe kann auch bedeuten, an sich zu arbeiten: sich selbst besser akzeptieren zu lernen und dem geliebten Menschen die Freiheit zu lassen, die aus dem Vertrauen kommt. Hoffentlich lernt Konsti, sich selbst mehr anzunehmen, und hoffentlich lernt er, Daniela zu vertrauen. Sonst sehe ich schwarz für die beiden.

»Es ist, was es ist, sagt die Liebe.« Dieser Satz sagt sehr viel aus über den Unterschied zwischen Verliebtsein und Liebe. Solange HORST in Max verliebt war, war einfach alles gut an ihm. Sogar wie Max oft die Nase hochzog, fand er irgendwie süß. Eines Tages aber war der Zauber erloschen, und nun nervte ihn das ständige Schniefen. Solange wir verliebt sind, sehen wir uns den anderen zurecht. Wir blenden aus, was uns stören könnte, und achten nur auf das, was uns gefällt. Wirklich zu lieben heißt: Ich sehe den anderen genau, ich mache mir nichts vor. Ich sehe seine Schattenseiten genauso wie das, was mir wirklich an ihm gefällt. Und ich lasse die Schattenseiten gelten. Ich versuche nicht, den anderen zu ändern: »Wenn das und das anders wäre, ja, dann wäre alles gut ...« Dieser Mensch ist einfach so, wie er ist. Und das ist in Ordnung. Es kann ziemlich schwierig sein, sich darauf einzulassen. Aber ohne diese Voraussetzung gibt es keine Liebe. Ich muss nicht alles gut finden. Aber ich muss den anderen so lassen, wie er ist. Wenn ich von ihm verlange, dass er sich ändern muss, oder wenn ich versuche, ihn umzuerziehen, liebe ich ja den Menschen gar nicht so, wie er ist. Ich sage gewissermaßen: »Wenn du so und so bist, dann liebe ich dich.« Ich liebe das Bild, das ich mir von ihm gemacht habe. Wie er sein sollte. Und nicht den, der er ist.

Schattenseiten gelten lassen

Wenn du dich verliebst, kann das, wie gesagt, ein Tor sein, ein Ruf, dich auf den Weg zu machen mit dem geliebten Menschen. So wie ein magischer Moment ein Ruf sein kann, dich selbst oder Gott näher kennen zu lernen. Bei dem Erlebnis allein kann es nicht bleiben. Auch wenn es ein noch so starkes Gefühl hervorgerufen hat, es wird wieder verblassen. Wenn du Gott kennen lernen willst, musst du versuchen, mit ihm in Kontakt zu kommen oder den Kontakt zu halten. Durch Meditation, durch Gebet, durch Gespräche mit anderen. So ist es mit der Liebe auch. Wenn sie dich trifft wie ein Blitzschlag, willst du den Geliebten oder die Geliebte kennen lernen, mit ihr oder ihm zusammenwachsen. Dazu gehören offene Gespräche, viel gemeinsame Zeit, Erlebnisse miteinander und mit anderen, Selbstkritik, Geduld und Humor. So kann, wenn es gut geht, aus dem Verliebtsein Liebe wachsen. Und die Beziehung zu dem anderen Menschen wird immer mehr von Liebe geprägt und immer weniger von Angst.

Das Gegenteil von Liebe ist nämlich nicht Hass,
sondern Angst.
Angst klammert, Liebe lässt Freiheit.
Angst will sich absichern, Liebe vertraut.
Angst vergiftet das Leben,
Liebe macht es reich und schön.

Trotzdem liegen Liebe und Angst nahe beieinander. Denn in der Liebe kommen sich zwei Menschen ganz nah. Sie stehen einander nackt gegenüber – buchstäblich und im übertragenen Sinn. Wenn ich den anderen ganz nahe an mich ranlasse, den Panzer ablege und meine weichen Stellen offen lege, dann bin ich verletzlich. Dann kann es furchtbar wehtun. Und das will niemand besonders gern. Andererseits kann ich nur dann die höchste Hingabe und Innigkeit erleben, wenn ich mich nackt mache. Das gilt wieder buchstäblich – Mann und Frau können sich nicht vereinigen, wenn sie nicht nackt sind. Und es gilt im übertragenen Sinn. Wenn ich all meine Schutzmechanismen, meine ganzen Panzerungen und Vorbehalte ablege und mich zeige, wie ich wirklich bin, dann (und nur dann) kann der andere mich auch lieben, wie ich bin. Und nur dann kann ich erleben, wie wunderbar es ist, wenn ich geliebt werde mit all dem, was ich an mir mag und auch mit dem, was ich an mir nicht mag.

So kannst du in der Liebe den Ruf erleben, das »Mehr als alles«. Du wirst offen und wächst über dich selbst hinaus. Du hast die Chance, dich aus deinen engen Grenzen zu lösen und ganz neue, andere Dimensionen des Lebens kennen zu lernen.

ALL DIE KLEINEN TODE ...

Für David sieht es inzwischen nicht gut aus. Er erlebt auf einmal die andere Seite des Lebens, die Schattenseite. Er hat sein ganzes Geld ausgegeben. Das Konto ist abgeräumt. Ob er sich vorher überlegt hat, was er dann macht? Ob er gehofft hat, dass ihn die anderen dann genauso aushalten, wie er sie bisher ausgehalten hat? Dass sie ihn mit durchziehen? Aber da hat er sich geschnitten! Wenn du erst mal am Boden bist, sind sie alle weg, die »Freunde«. Sie kennen dich plötzlich nicht mehr. David merkt, dass er selbst, als Mensch, ihnen gar nichts bedeutet. Sie waren nur von seiner dicken Brieftasche begeistert. Jetzt, wo er nichts mehr hat, hat er nichts mehr zu melden.

Was soll er tun? Na klar, wenn er kein Geld mehr hat, muss er welches ranschaffen. Doch da hat er Pech. Im Land herrscht eine Wirtschaftskrise. Arbeitslosigkeit. Es gibt keine Jobs. Damit hatte er nicht gerechnet. Wenn die Kohle alle ist, hat er wahrscheinlich gedacht, dann nehme ich halt irgendwo eine Arbeit an und verdiene was. Unbequem, aber machbar. Null Problem. Aber jetzt gibt es keine Jobs. Lange Schlangen vor dem Arbeitsamt.

Plötzlich sind seine schönen Träume zerplatzt wie Seifenblasen. Er ist nicht mehr das reiche Söhnchen, das eine Lokalrunde nach der anderen ausgibt, nicht mehr der Playboy, der den Frauen imponiert. All seine Pläne, seine Ideen, sein ganzes Bild von sich selbst – nichts stimmt mehr. Es ist, als sei der reiche, elegante, vom Erfolg verwöhnte David gestorben, und übrig geblieben ist nichts als ein Häufchen Elend.

Wenn nichts mehr stimmt

Es ist tatsächlich ein Teil von ihm gestorben. Und das ist etwas, was nicht nur dem David aus der Geschichte passiert. Das erleben alle Menschen irgendwann, meistens sogar öfter. Jeder von uns muss »kleine Tode« sterben.

ANNE zum Beispiel. Sie wohnte in Braunschweig, bis sie acht war. Dann bekam ihr Vater eine Stelle in Frankfurt angeboten, und die Familie zog um. Als Anne sich von ihrer besten Freundin Julia verabschieden musste, mit der sie zusammen war, seit sie denken konnte, fühlte sie sich, als würde ein Teil von ihr sterben. Sie ließ nicht nur Julia zurück, den Lieblingsplatz im Park, ihr Geheimversteck hinter den Büschen, ihre Verständigung ohne viele Worte. Sie ließ einen Teil ihres Lebens zurück, und zwar einen sehr wichtigen. Und als sie 14 war, erlebte sie dasselbe noch einmal. Diesmal musste sie mit der ganzen Familie nach Magdeburg. Alles, was ihr wichtig war, musste sie aufgeben. Die Jugendgruppe, die Clique, besonders natürlich Jörg ...

Oder BENEDIKT. Er ist 19 Jahre alt, hat gerade sein Abitur gemacht. Besonders gern ist er sowieso nie zur Schule gegangen, aber die letzten beiden Jahre waren echt schlimm. Er zählte nur noch die Tage, kreuzte immer in der letzten Schulstunde einen der Striche durch, die er für die verbleibenden Schultage in sein Heft gemacht hatte. Dann ist es vorbei. Aber es kommt nicht die große Erleichterung, jedenfalls nicht nur. Der Jubel, die große Freude bleibt aus. Er fällt in ein Loch. Was ist das nur? Irgendwann dämmert ihm, dass sein Leben nie mehr so sein wird, wie es bisher war. Die Schulzeit ist unwiderruflich vorbei. Und das Neue – Zivildienst, Studium in einer fremden Stadt – ist nicht nur verlockend, es macht auch ein bisschen Angst. Es war doch bei allem Ärger über Lehrer und Lernen ein Leben, das er kannte, in dem ihm alles vertraut war. Und das ist jetzt vorüber. Ein Teil von ihm ist gestorben, der Schüler Benedikt.

MARCO, 16, hat einen Wunsch: Nach der Mittleren Reife will er zur Polizei. Er hat sich nie einen anderen Beruf vorstellen können und hat sich auch nie Gedanken darüber gemacht, was er sonst machen könnte. Immer schon wollte er Polizist werden. Als er sich bewirbt, wird ihm gesagt, dass er wegen seiner starken Kurzsichtigkeit nicht genommen werden kann. Alles bricht in ihm zusammen. Er weiß überhaupt nicht mehr, was er mit seinem Leben anfangen soll. Er stirbt einen kleinen Tod.

Woraus lerne ich?

All die kleinen Tode, die Verluste, das Scheitern, die zerbrochenen Träume: Kann man sie verhindern? Ist es möglich, ihnen aus dem Weg zu gehen? Ein Leben zu führen, in dem immer alles klappt, immer alles gelingt, nie etwas daneben geht? Ich glaube, das geht nicht. Ich kenne jedenfalls niemand, der diese Erfahrungen nicht gemacht hätte. Und ich bin mir auch nicht sicher, ob ich mir das für mich wünschen würde. Ich habe mir die dunklen Zeiten in meinem Leben nicht herausgesucht und nicht gewünscht, bei Gott nicht. Aber jetzt, im Nachhinein, weiß ich, dass sie nicht nur dunkel und nur schlimm waren. Ich möchte sie nicht missen. Sie haben meinem Leben Tiefe gegeben, und ich denke, ich habe in diesen Zeiten viel mehr über das Leben gelernt als dann, wenn alles glatt lief.

Ich versuche, mir einen Menschen vorzustellen, der nie gescheitert ist, in dessen Leben es keine Brüche, keine kleinen Tode gegeben hat. Es fällt mir schwer, muss ich zugeben. Wenn ich so darüber nachdenke, meine ich fast, dass ein Mensch, dem immer alles gelungen ist und der nie leiden musste, entweder furchtbar langweilig oder vielleicht auch ziemlich arrogant sein müsste. Er könnte die anderen gar nicht verstehen, wenn es ihnen mal dreckig geht. Ich denke mir, wenn es mir schlecht geht und ich würde einem solchen »Glückspilz« begegnen, könnte ich von ihm nicht viel mehr Trost bekommen als ein oberflächliches »Kopf hoch, wird schon wieder«. Wie sollte er mir auch Verständnis entgegenbringen? Wo ihm doch die Erfahrung fehlt?

Umgekehrt: Stell dir mal einen Menschen vor, den du für weise hältst, für reif und vertrauenswürdig. Einen, zu dem du mit deinen Problemen gehen würdest. Fällt dir jemand ein? Ich bin sicher, dass dieser Mensch, an wen immer du jetzt auch denkst, dunkle Zeiten in seinem Leben gekannt hat oder kennt.

**Das Leid, das Scheitern,
die »kleinen Tode«
lassen einen Menschen reifen,
lassen ihn Tiefe gewinnen.**

Dazu kommt vielleicht auch noch, dass die Gefahr zu scheitern größer ist bei Menschen, die ihren eigenen Weg suchen, als bei denen, die nur in den vorgegebenen Bahnen dahintrotten, mit dem Strom schwimmen und sich leben lassen, statt selbst zu leben.

Deswegen stürzt David auch so tief ab. Wäre er zu Hause geblieben wie sein großer Bruder, wäre ihm das nicht passiert. Aber dann hätte er trotzdem einen »kleinen Tod« sterben müssen. Er hätte in sich die Träume begraben müssen, die Träume, es einmal ganz anders und ganz auf die eigene Weise zu machen.

Der Absturz hat aber auch eine andere Seite. Jedes Scheitern ist immer auch die Chance neu anzufangen. Manchmal klingen solche Sätze wie ein Hohn, vor allem, wenn jemand wirklich gerade tief in der Tinte sitzt. Aber es stimmt.

Jeder Psychotherapeut kann das bestätigen. Die meisten Menschen suchen erst dann nach Hilfe, wenn es ihnen wirklich dreckig geht, wenn sie ganz am Boden sind. Aber wenn sie sich dann aufmachen, um etwas in ihrem Leben zu ändern, dann finden sie viel eher die Kraft dazu. Wem es immer noch »zu gut« geht, hat ja keinen Grund, etwas anders zu machen.

Das kann man ganz besonders gut sehen bei Leuten, die von Alkohol oder anderen Drogen abhängig sind. Solange es »irgendwie« noch geht, schaffen sie es in den allermeisten Fällen nicht, ihr Suchtmittel aufzugeben. Oft wollen sie es auch gar nicht. Erst wenn sie richtig im Dreck sitzen, finden manche – längst nicht alle – die Kraft, einen Entzug zu machen und eine Therapie, die ihnen hilft, ohne den teuflischen Stoff auszukommen.

Kraft finden

Das ist jetzt ein sehr dramatisches Beispiel. Aber du kannst es auch im Alltag merken. Viele fangen erst dann an, etwas für die Schule zu tun, wenn sie ihre dritte Sechs kassiert haben. Und siehe da – wenn sie sich nur mal hinsetzen und büffeln, geht es. Oder, um einen ganz anderen Bereich anzusprechen: Viele Menschen erzählen, dass sie sich gerade dann ganz besonders intensiv gespürt und ganz besonders lebendig gefühlt haben, wenn sie unglücklich waren, wenn eine Liebe zerbrochen ist oder sie auf andere Weise gescheitert sind.

Von Jesus ist ein Satz überliefert, der genau das ausdrückt. Er sagt: »Wer sein Leben liebt, wird es verlieren. Wer es aber verliert, wird es bewahren (oder: neu erhalten).« Dieser Satz steht nicht nur einmal in der Bibel, sondern insgesamt siebenmal. Außer »Fürchte dich nicht!« steht kein anderer Satz so oft im Neuen Testament. Seltsam, nicht wahr? Und auch missverständlich. Ja, man kann diesen Satz fürchterlich missverstehen, und leider ist das auch sehr häufig geschehen. Sehr häufig haben Kirchenleute ihn so ausgelegt: »Die Erde ist ein Jammertal, und du, Mensch, bist schlecht bis in die Knochen. Gott ist sehr

**Aber wer sich vor dem
Scheitern nicht fürchtet,
wer etwas riskiert,
wer vor dem Schmerz und
dem Dunkel die Augen
nicht verschließt,
der entdeckt ganz
andere Dimensionen
in seinem Leben.**

zornig über deine Schlechtigkeit. Also musst du ganz viel leiden, dich abschinden und quälen, so kannst du vielleicht – vielleicht! – Gott versöhnen, damit er dir nicht mehr böse ist. Wenn du zu viel Spaß am Leben hast, steckt Gott dich zur Strafe in die Hölle. Nur wenn du auf alles verzichtest, worauf du eigentlich Lust hättest, dann kommst du in den Himmel und wirst dort dann reichlich belohnt.«

Und ob ich schon wanderte im finsteren Tal, fürchte ich kein Unglück. Denn du bist bei mir!

Psalm 23, Vers 4

Musst du durchs Wasser gehen, so bin ich bei dir; auch in reißenden Strömen wirst du nicht ertrinken. Musst du durchs Feuer gehen, so bleibst du unversehrt; keine Flamme wird dir etwas anhaben können. Denn ich bin der Herr, dein Gott, ich, der heilige Gott Israels, bin dein Retter.

Jesaja 43, Verse 2 und 3

Das ist ganz und gar falsch und hat mit dem, was Jesus wollte, überhaupt nichts zu tun! Jesus hat selbst sehr gern gelebt und gefeiert. Er wollte nicht, dass wir uns das Leben vermiesen. Ich verstehe ihn so: »Das Leben hat immer Höhen und Tiefen. Ich erkläre dir nicht, weshalb das so ist. Es ist eben so. Beides gehört dazu. Und die Tiefen sind nicht nur schlecht. Gerade wenn du Schmerzen hast, wächst du. Gerade wenn du im Dreck steckst, machst du wertvolle Erfahrungen, die dich reifen lassen. Du musst diese schlechten Zeiten nicht suchen, sie kommen von selbst. Aber wenn sie kommen, weiche ihnen nicht aus. Stell dich, mach die Augen auf, lebe den Schmerz so intensiv, wie du Lust und Freude leben willst und gelebt hast. Du wirst sehen, dass dein Leben Tiefe gewinnt, dass es reicher wird.«

There's a crack in everything – that's how the light comes in.

(Alles hat irgendwo einen Sprung, aber durch den scheint das Licht hinein.)

Leonard Cohen

Damit liegt Jesus natürlich ziemlich quer zu unserem Denken heute. Bei uns geht es ja in erster Linie um *Fun* und darum, sich alles so easy wie möglich zu machen. Ich habe schon von Verena erzählt, die sich nicht traut, in der Clique zu zeigen, wenn sie schlecht drauf ist, weil sie fürchtet, dass sie sonst unten durch ist und keiner mehr was mit ihr zu tun haben will. Aber das Leben ist eben nicht immer nur *Fun* und easy. Wenn wir die dunklen Seiten ausblenden, tun wir uns überhaupt nichts Gutes. Wir verdrängen das Dunkel, aber wir können es nicht beseitigen. Was verdrängt ist, ist nicht weg. Es ist nur in einen dunklen Winkel eingesperrt und wartet darauf, hervorzukommen. Dann, wenn wir gerade gar nicht daran denken. Wer sein Leben liebt, wer immer nur so weitermachen will wie bisher, wer sich nicht auf die Tiefen einlassen will, der lebt am Leben vorbei. Dessen Leben bleibt flach und langweilig.

Nicht alles ist easy

Über den Sonnenschein könntest du dich gar nicht so freuen, wenn es nicht auch mal regnen würde, wenn es keinen grauen November und keinen matschigen Februar gäbe.

Hermann Hesse zeichnet ein ähnliches Bild in dem Roman »Siddhartha«, von dem schon die Rede war. Siddhartha ist immer auf der Suche nach dem Leben, aber er hängt nicht an dem, was er gerade ist und hat. Er gibt sein Leben als geachteter Priestersohn im Dorf auf, um wandernder Yogi zu werden. Dann gibt er das Leben als wandernder Yogi auf und wird ein reicher Geschäftsmann und der Geliebte einer schönen Frau. Und er gibt auch dieses Leben wieder auf und endet als Einsiedler, als Fährmann am Fluss. Er hat an dem, was er war, nicht festgehalten und gerade so das Leben gefunden. Sein Freund Govinda geht einen anderen Weg, er bleibt bei den wandernden Yogis. Ganz am Ende ihres Lebens begegnen die beiden Freunde einander noch einmal. Govinda bittet Siddhartha, den Fährmann, ihm seine Lehre mitzuteilen. Und Siddhartha sagt Folgendes:

»Die Welt, Freund Govinda, ist nicht unvollkommen, oder auf einem langsamen Wege zur Vollkommenheit begriffen: nein, sie ist in jedem Augenblicke vollkommen, alle Sünde trägt schon die Gnade in sich, alle kleinen Kinder haben schon den Greis in sich, alle Säuglinge den Tod, alle Sterbenden das ewige Leben. Es ist keinem Menschen möglich, vom anderen zu sehen, wie weit er auf seinem Wege sei, im Räuber und Würfelspieler wartet Buddha, im Brahmanen wartet der Räuber ... Darum scheint mir das, was ist, gut, es erscheint mir Tod wie Leben, Sünde wie Heiligkeit,

Klugheit wir Torheit, alles muss so sein, alles bedarf nur meiner Zustimmung, nur meiner Willigkeit, meines liebevollen Einverständnisses, so ist es für mich gut, kann mich nur fördern, kann mir nie schaden. Ich habe an meinem Leibe und an meiner Seele erfahren, dass ich der Sünde sehr bedurfte, ich bedurfte der Wollust, des Strebens nach Gütern, der Eitelkeit und bedurfte der schmählichsten Verzweiflung, um das Widerstreben aufgeben zu lernen, um die Welt lieben zu lernen, um sie nicht mehr mit irgendeiner von mir gewünschten, von mir eingebildeten Welt zu vergleichen, einer von mir ausgedachten Art der Vollkommenheit, sondern sie zu lassen, wie sie ist, um sie zu lieben, und ihr gerne anzugehören ... Und dies scheint nun eine Lehre, über welche du lachen wirst: die Liebe, o Govinda, scheint mir von allem die Hauptsache zu sein. Die Welt zu durchschauen, sie zu erklären, sie zu verachten mag großer Denker Sache sein. Mir aber liegt einzig daran, die Welt lieben zu können, sie nicht zu verachten, sie und mich nicht zu hassen, sie und mich und alle Wesen mit Liebe und Bewunderung und Ehrfurcht betrachten zu können.«

Noch einmal zurück zu Jesus. Er lebte aus dem Vertrauen, dass die Tiefen im Leben nichts Schlechtes sind, sondern zum Weg des Lebens dazugehören. Sein Vertrauen war so groß, dass er sogar davon überzeugt war, dass der Tod uns Menschen nichts anhaben kann. Und seine Jünger haben berichtet, dass er ihnen gezeigt hat, weshalb dieses Vertrauen begründet ist. Sie erzählten, dass er ihnen nach seinem Tod begegnet ist – lebendig.

Vertrauen

Selbst wenn du Schwierigkeiten hast, an die Auferstehung aus dem Tod zu glauben, kannst du die Erzählungen der Jünger als Ausdruck ihres Vertrauens nehmen. Des Vertrauens, dass der Tod zum Leben dazugehört – nicht nur der »große« Tod am Ende des Lebens, sondern auch die kleinen Tode, die wir immer wieder erleiden. Dass wir durch diese kleinen Tode immer wieder in ein neues, intensiveres und heileres Leben gehen können.

... UND DER GROSSE TOD

Aber eines Tages ist er dann da, der Tod, aus dem es kein Zurück gibt. Es scheint nichts Endgültigeres zu geben als den Tod, den »großen« Tod, der dem Leben ein Ende setzt. Unwiderruflich.

Und dann?

Diese Frage hat die Menschen seit jeher beschäftigt. Was ist das, der Tod? Und: Was ist das, das Leben?

Rein physikalisch unterscheidet sich ein gerade eben Gestorbener von einem Lebenden in nichts – außer dass er nicht mehr atmet und keine Hirnströme mehr fließen. Aber weshalb hören sie auf zu fließen? Weshalb wird aus einem Stück belebter Materie plötzlich ein Stück toter Materie? Welche Kraft ist es, die die Hirnströme zum Fließen bringt und die Lungen zum Atmen bewegt?

Und was geschieht mit dem Bewusstsein eines Menschen, wenn er gestorben ist? Erlischt es einfach wie eine Kerze, die man ausbläst? Oder bleibt es da, irgendwie aktiv – geht es irgendwohin? Kann es ohne den Körper existieren?

Geht es irgendwohin – nach dem Tod?

Auf diese Fragen sind zwei Antworten möglich: Entweder ist der Mensch wie ein Computer und sein Bewusstsein ist wie das Betriebsprogramm. Es ist auf seiner Festplatte gespeichert, und es gibt nirgends eine Sicherungskopie davon. Wenn der Computer kaputtgeht, kann das Programm nicht mehr laufen. Nirgends. Wenn es so ist, dann bleibt von einem Menschen nichts als ein Stückchen Materie, das ziemlich schnell verrottet. Und dann ist nichts mehr da.

Oder der Mensch ist wie ein Fernsehapparat und sein Bewusstsein wie das Fernsehprogramm. Natürlich brauchst du einen Fernseher, um das Programm wahrnehmen zu können. Aber wenn der Apparat kaputtgeht, ist damit das Programm keineswegs ebenfalls zerstört. Es wird in dem Gerät nicht erzeugt, sondern nur sichtbar und hörbar gemacht. Wenn das mit dem Menschen so ist, existiert das Bewusstsein nach dem Tod weiter – als »Geist« oder »Seele« oder »Ich« oder wie auch immer. Wir Lebenden können es nicht mehr wahrnehmen, so wie wir das TV-Programm ohne Fernseher nicht wahrnehmen können. Aber es ist noch da.

Was erzählen klinisch Tote?

Es gibt viele Berichte von Menschen, die klinisch tot waren und wieder belebt wurden. Klinisch tot, das heißt: Atmung, Kreislauf und Hirnströme haben ausgesetzt. Normalerweise setzt dann sofort die Verwesung ein, der Prozess ist nicht aufzuhalten. Nur manchmal gelingt es, wenn sofort ein Arzt da ist, den praktisch schon Gestorbenen wieder zurückzuholen über die Schwelle ins Leben. Genau genommen waren diese Menschen dann nicht tot. Denn »tot sein« meint ja das Unwiderrufliche, Endgültige. Aber sie waren dem Tod so nahe, wie es einem Menschen nur möglich ist.

Nicht alle, aber viele dieser wiederbelebten klinisch toten Menschen erzählen von eindrücklichen Erlebnissen. Dabei scheint es so etwas wie einen feststehenden Ablauf zu geben. Sehr oft berichten sie in etwa Folgendes:

»Ich lag im Krankenhausbett. Ich hatte starke Schmerzen in der Brust und dachte noch daran, nach der Schwester zu klingeln. Auf einmal schwebte ich über dem Bett, meinen Körper konnte ich unter mir liegen sehen. Ich wunderte mich ein bisschen, dass ich mich von außen sehen konnte. Die Schmerzen waren wie weggeblasen. Obwohl mein Körper dort unten auf dem Bett lag, konnte ich alles hören und sehen. Dann wurde ich wie weggezogen aus dem Zimmer, hinein in einen dunklen, engen Tunnel, an dessen Ende ein strahlend helles Licht schien. Und ich wusste: In dem Licht ist jemand, der auf mich wartet. Eine Lichtgestalt, die voller Liebe und Verständnis war und mich erwartete.

(Anmerkung: Diese Lichtgestalt kommt in den Nahtoderlebnissen sehr häufig vor. Manche Menschen erkennen Jesus in ihr. Andere, meist gläubige Katholiken, begegnen der Jungfrau Maria. Menschen, denen der christliche Glaube nichts bedeutet, sehen vielleicht einen liebevollen geistigen Begleiter, so etwas wie einen Schutzengel. Und wer einer anderen Religion angehört, wird im Licht eine göttliche Gestalt oder einen Heiligen antreffen, die zu seiner Religion gehören. Anscheinend sucht sich das, was Menschen im Licht an der Schwelle zum Tod vorfinden, eine Gestalt, die zur religiösen Einstellung des Betreffenden passt.)

Es war ein unbeschreiblich helles, strahlendes und doch nicht blendendes Licht. Da waren auch meine Mutter und mein verstorbener älterer Bruder, die mich in Empfang nahmen.

(Anmerkung: Man trifft dort im Licht anscheinend immer nur Menschen – Angehörige oder sehr nahe stehende –, die schon tot sind.)

Die Lichtgestalt zeigte mit mein Leben, jede einzelne Szene. Ich sah und erlebte buchstäblich alles noch einmal, was ich in meinem ganzen Leben erlebt und getan hatte. Ich verstand plötzlich alles – auch, was mein Tun und mein Verhalten bei anderen Menschen ausgelöst hatte. Manches war sehr schön, und manches tat sehr weh, wenn ich erkannte, wie viel Leid ich ausgelöst hatte. Oft, ohne es zu wollen. Aber die Lichtgestalt machte mir keine Vorwürfe. Sie bedeutete mir, dass es gut so ist, wie es war. Alles, was ich dort erlebte, war von einer unendlichen Liebe durchdrungen. Ich fühlte mich ganz und gar angenommen, so wie ich bin. Nachdem ich diesen Lebensfilm erlebt hatte, stand ich vor einer Brücke, die über eine wilde Schlucht führte. Und ich wusste: Wenn ich da hinübergehe, dann gibt es kein Zurück. Und ich wollte sehr gern auf die andere Seite. Aber die Lichtgestalt sagte mir, dass ich zurück müsste. Ich hätte noch einiges zu erledigen. Obwohl ich von der Aussicht, wieder in meinen kranken Körper zurück zu müssen, nicht besonders begeistert war, konnte ich nichts dagegen tun. Ich wurde zurückgesaugt durch den Tunnel und war plötzlich wieder in meinem Körper auf dem Krankenhausbett. Die Schmerzen waren wieder da, und ich bekam mit, wie sich die Ärzte und Krankenschwestern darum bemühten, mich wieder ins Leben zurückzuholen. Eins weiß ich jetzt: Vor dem Sterben muss ich keine Angst mehr haben. Im Gegenteil. Ich weiß, dass es mein schönster Tag sein wird, wenn ich ganz hinübergehe in dieses unbeschreibliche Licht.«

Natürlich können solche Berichte keine Beweise dafür sein, dass es nach dem Tod weitergeht, dass der Mensch eine unsterbliche Seele hat und es ein ewiges Leben gibt. Schließlich, so muss ich noch einmal betonen, waren diese Menschen nicht wirklich tot.

Auffallend ist aber, dass die Berichte oft über weite Strecken übereinstimmen. Immer wieder ist die Rede von dem Lebensfilm, von einem Tunnel, dem unbeschreiblichen Licht, den Gestalten, die »drüben« warten. Und noch etwas haben fast alle diese Berichte gemeinsam: Wer an der Schwelle zwischen Leben und Tod war, findet meist keine genauen Worte für das, was er gesehen und gespürt hat. Er kann nur in Vergleichen, in Bildern sprechen. Mit Worten kann man nur ungefähr und annähernd wiedergeben, was man da erlebt. Es übersteigt eigentlich die Möglichkeiten der Sprache.

Der Tod – ein magischer Moment? Das Sterben – ein Ruf zum Aufbruch in etwas ganz Neues? Man kann diese Parallele ziehen. Man könnte sogar sagen: Wer sich Zeit seines Lebens gesträubt hat gegen den Ruf des ganz Anderen, kann nun endlich nicht mehr ausweichen. Alle Menschen müssen aufbrechen zu ihrer Heldenreise in ein unbekanntes Land, und wenn dieser Aufbruch erst bei ihrem letzten Atemzug stattfindet. Eines Tages kann keiner mehr aus, und wer ein Leben lang nicht glauben konnte oder wollte, dass es mehr gibt als nur dieses Diesseits, die Materie, die Physik – der wird vielleicht beim Sterben eines Besseren belehrt.

Tod als Übergang

Immerhin könnte es ja zu denken geben, dass praktisch alle Menschen in allen Völkern zu allen Zeiten daran geglaubt haben, dass mit dem Tod nicht alles vorbei ist. Die einzige Gesellschaft, in der die Mehrheit der Menschen nicht daran glaubt, dass es nach dem Tod irgendwie weitergeht, ist unsere: also Europa und Amerika in den letzten 50 oder 100 Jahren. Fast alle anderen Gesellschaften, alle Religionen in allen Kulturen zu allen Zeiten und an allen Orten auf der Welt haben den Tod als Übergang gesehen. Als Übergang in eine andere Welt oder eine andere Form des Lebens. Das fängt in der Steinzeit an: Den Toten wurden Lebensmittel, Waffen und Schmuckstücke mit ins Grab gegeben, damit sie in der »anderen Welt« etwas zum Weiterleben hatten. Sehr wertvoll übrigens für die heutigen Archäologen, die aus diesen Grabbeigaben viel über das Leben der Menschen damals erfahren. Die ägyptischen Pharaonen nahmen nicht nur Lebensmittel mit in ihr Pyramidengrab, sondern auch jede Menge Sklaven, die lebendig eingemauert wurden, damit sie ihrem Herrscher auch im Jenseits dienen konnten. In Neuguinea beispielsweise sitzen die Ahnen in den Wäldern jenseits des Dorfes, und man muss sie in guter Stimmung halten, sonst schaden sie einem. Speisen und Getränke werden ihnen geopfert. Ähnliche Ri-

ten gibt es in Afrika und im Amazonasgebiet. Auch aus dem alten China, aus Indien und Japan sind Totenfeiern und Begräbnissitten überliefert, die darauf schließen lassen, dass man daran glaubte, dass die Toten irgendwie weiterleben. Und die griechischen Sagen erzählen von der Unterwelt, dem Hades, der durch den schwarzen Fluss Styx von der Welt der Lebenden getrennt ist. Der Fährmann Charon bringt mit seinem Boot die Gestorbenen ins Land ohne Wiederkehr, nachdem sie das Wasser des Vergessens getrunken haben.

Die alten Griechen gingen also – wie die Römer oder die Babylonier – davon aus, dass das, was von dem Menschen übrig bleibt, in die Unterwelt geht, in eine Art Schattenwelt. Verschiedene Helden aus den griechischen Sagen steigen dort hinab, Odysseus zum Beispiel oder Orpheus. Was sie da unten sehen, ist ziemlich schrecklich: Die Menschen existieren weiter als Schatten ihrer selbst, allerdings passiert in ihrer Welt absolut gar nichts. Es gibt nichts Neues mehr, die Menschen sind nur noch das, was sie einmal waren. Aber sie haben nicht einmal mehr ihre Erinnerung. Alles ist grau. Es gibt keine Freude und kein Leiden, nur Schatten, nur tödliche Langeweile.

Bei den Navajos, einem Indianerstamm im Westen Amerikas, herrscht eine ähnliche Vorstellung. Die Toten sind auch dort nur Schatten, und sie beneiden die Lebenden darum, dass sie noch etwas erleben können. Sie versuchen, sich an den Lebenden dafür zu rächen, dass sie noch atmen, essen, lieben und hassen, sich verändern und entwickeln können. Gegen die Toten muss man sich schützen, und es gibt eine Reihe Vorschriften, die man ganz genau beachten muss, wenn man verhindern will, dass die Toten einem schaden.

Aber nicht nur in alten Zeiten oder in fremden Kulturen gibt es dieses schreckliche Bild. Auch in dem Jugendbuch »Das Bernsteinteleskop«, erschienen im Jahr 2001, wird so eine Schattenwelt beschrieben. Die Helden, das Mädchen Lyra und der Junge Will, steigen hinab in die Totenwelt und erleben das Grauen der grauen Schatten. Sie erreichen ihr Ziel und befreien die Toten aus dem Schattenreich. Aber wie sieht diese Befreiung aus? Als die Toten ans Sonnenlicht kommen, lösen sie sich auf und können endlich aufhören zu existieren. Schöne Befreiung, kann ich da nur sagen. Zugegeben, es ist wahrscheinlich besser, gar nicht mehr da zu sein, als ewig in einer unveränderlichen Welt ohne Ereignisse vor sich hin zu vegetieren. Aber so richtig ansprechend kann ich das nun wirklich nicht finden.

Andere, vor allem die asiatischen Religionen, glauben, dass die unsterbliche Seele den Körper abstreift wie ein Kleid, wenn der Mensch stirbt. Und dann, nach einer Zeit in einer Zwischenwelt, sucht sich die Seele einen neuen Körper, sie wird wiedergeboren. Diese Idee von der Seelenwanderung oder Reinkarnation* hat sich in den vergangenen Jahrzehnten auch bei uns im Westen ausgebreitet. Es hat schon etwas Faszinierendes, sich vorzustellen, dass nach dem Tod ein neues Leben auf einen wartet. Und nicht nur eins, sondern viele, womöglich unendlich viele. Für die Inder ist diese Aussicht übrigens nicht besonders attraktiv. Die indische Religion hat zum Ziel, dass der Mensch aussteigen kann aus dem Kreislauf der Wiedergeburten, dass wir gerade nicht mehr wiederkommen müssen. Denn nach Millionen von Leben ist es auch nicht mehr sehr lustig. Es ist dann doch ewig das Gleiche, und viele der Leben, die man da so führen darf (oder muss), sind auch nicht besonders angenehm: Leid, Hunger, Verlust, Krankheit – immer und immer wieder dasselbe. Scheiternde Liebe, vergängliche Lust, Ärger und Stress, und dann wieder alt werden, wieder sterben, wieder geboren werden ... Manche indischen Yogis wundern sich wahrscheinlich, weshalb viele Westler so scharf darauf sind, wiedergeboren zu werden. Sie wünschen sich eigentlich nur, dass das alles endlich einmal aufhört und die Seele sich auflöst wie ein Tropfen Wasser im Ozean.

Schließlich gibt es die Lehre, die in den so genannten Buchreligionen vertreten wird, im Judentum, Christentum und Islam. Hier heißt es, dass der Mensch einmal lebt und dann stirbt. Aber er wird von Gott wieder ins Leben gerufen. Er muss sich dem Gericht stellen und wird entweder in ein Leben in vollendeter Freude und Harmonie eingeladen oder verstoßen – ins Nichts oder in die Dunkelheit.

* Reinkarnation (von lat. re = wieder und caro = Fleisch) heißt eigentlich: wieder Fleisch werden. Damit wird gesagt, dass die Seele wieder in einen Körper aus Fleisch und Blut schlüpft und zu einem neuen Leben auf der Erde geboren wird.

Gerade diese Möglichkeit, auf ewig verloren zu gehen, ist es, die sehr vielen Menschen Schwierigkeiten macht. Da werde ich doch lieber hundert Millionen Mal wiedergeboren, als dass ich auf ewig in der Finsternis herumsitzen und mich womöglich noch quälen lassen muss.

Auf ewig verloren?

Ich glaube, es ist entsetzlich viel Schindluder getrieben worden mit dieser Vorstellung von der »Hölle«, in die man kommt, wenn man nicht »brav« war – das heißt ja meistens, wenn man nicht das getan hat, was die Kirche oder der Herr Pfarrer als richtig ausgegeben haben.

Was richtig und was falsch ist, wird denn auch ziemlich unterschiedlich gesehen. Ein junger Palästinenser, der sich selbst in die Luft sprengt und dabei versucht, möglichst viele Israelis mit in den Tod zu nehmen, ist sich sicher, dass er dafür in den »Himmel« kommt und eine riesige Belohnung erhält. Ebenso haben es christliche Kreuzritter und Soldaten in vielen Jahrhunderten nicht nur für vertretbar gehalten, so viele »Feinde« wie möglich grausam zu meucheln. Sie meinten, sie würden damit Gottes Willen tun und in den Himmel kommen. Heute sind die meisten Christen ganz anderer Ansicht. Sie erinnern sich wieder daran, dass Jesus davon gesprochen hat, dass wir unsere Feinde lieben sollen, wenn wir wirklich Gottes Willen tun wollen. Denn Gott, so sein Argument, macht auch keinen Unterschied zwischen den Guten und den Bösen. Ich finde diese Bibelstelle höchst spannend.

Ich konnte mir nie so recht vorstellen, dass Gott irgendeinen Menschen wirklich in die ewige Qual und Verdammnis schicken könnte.

Immerhin heißt es doch: »Gott ist Liebe« – und wie kann die Liebe so etwas wollen wie unendliches Leiden? Außerdem würde ich es als höchst ungerecht empfinden, wenn ein Mensch eine ganze Ewigkeit lang bestraft würde für ein Leben, das nur 70 oder 80 Jahre gedauert hat – selbst wenn er sein ganzes Leben lang bewusst und in voller Absicht gegen Gottes Willen gehandelt hätte.

Ihr wisst, dass es heißt: »Liebe alle, die dir nahe stehen, und hasse alle, die dir als Feinde gegenüberstehen.« Ich aber sage euch: Liebt eure Feinde und betet für die, die euch verfolgen. So erweist ihr euch als Kinder eures Vaters im Himmel. Denn er lässt die Sonne scheinen auf böse wie auf gute Menschen, und er lässt es regnen auf alle, ob sie ihn ehren oder verachten. Wie könnt ihr von Gott eine Belohnung erwarten, wenn ihr nur die liebt, die euch auch lieben? Sogar Betrüger lieben ihresgleichen. Was ist denn schon Besonderes daran, wenn ihr nur zu euren Brüdern freundlich seid? Das tun auch die, die Gott nicht kennen.

Jesus von Nazaret
Nach Matthäus 5, 43–47

Jesus fordert uns auf, unsere Feinde zu lieben. Wenn wir Menschen das tun sollen, sollte Gott das nicht auch tun? Ich sage es ganz offen: Ich glaube nicht an die Hölle. Ich glaube, dass die Hölle eine Erfindung der Angst ist. Das hängt damit zusammen, dass wir Menschen uns selbst nicht so gut annehmen können. Es gibt sehr vieles, was wir an uns ablehnen. Schuldgefühle plagen uns, und oft genug haben wir keine besonders hohe Meinung von uns selbst. Wir können es gar nicht glauben, dass jemand es gut mit uns meint. Voller Misstrauen sind wir, weil wir uns selbst nichts Gutes zutrauen.

PAUL hat ein schlechtes Gewissen wegen Elena. Er war ziemlich fies zu ihr, hat sich über ihren russischen Akzent lustig gemacht. Im Nachhinein findet er sich gar nicht mehr so cool. Ein paar Tage später findet er im Briefkasten einen dicken Brief von Elena. O Gott, denkt er sich, jetzt gibt sie's mir aber. So dick! Das sind mindestens sechs Seiten. Sicher alles voller Vorwürfe. Zuerst will er den Brief gar nicht öffnen. Aber dann reißt er sich zusammen und schlitzt den Umschlag auf. Heraus purzelt das Programm fürs Kino-Festival und eine witzige Karte. Elena möchte mit ihm einen alten Film mit Jacques Tati anschauen. Keine Vorwürfe, nicht ein Wort über sein fieses Verhalten. Als wäre nichts gewesen. Paul ist total erleichtert, und gleichzeitig wundert er sich. Mit seinen Schuldgefühlen und seiner Angst vor Elenas Ablehnung hat er sich gewissermaßen selbst bestraft. Er konnte sich gar nicht vorstellen, dass sie ihn noch mag. So ähnlich ist es oft mit den Menschen und mit Gott. Manche Menschen haben furchtbare Schuldgefühle und können sich gar nicht mehr vorstellen, dass Gott sie liebt. Sie lehnen sich selbst ab und meinen deswegen, dass Gott sie auch ablehnen muss. So entsteht, etwas vereinfacht gesagt, der Glaube an die Hölle und daran, dass man auf ewig verloren gehen kann.

Und schließlich scheinen viele zu denken: Selbst wenn Gott mir verzeiht, dem Kindermörder, dem Giftgasattentäter, dem Nazi-Schergen wird Gott doch nicht vergeben. Für die ist die Hölle bestimmt.

Ich persönlich glaube, dass Gott auch diesen Menschen vergibt. Ich stelle es mir zwar auch nicht so lustig vor, im selben Himmel zu sein wie Adolf Hitler. Aber das liegt wahrscheinlich daran, dass ich mir überhaupt nicht wirklich vorstellen kann, wie es im Himmel zugeht.

Ich habe nur für mich die Hoffnung, dass nach meinem Tod alles gut sein wird. Wie Gott das bewerkstelligt, überlasse ich ihm. Ob er mich noch ein paar Mal auf die Erde schickt oder ob er mich in irgendeinem Läuterungsprozess für seine Welt geeignet macht, das weiß ich nicht. Aber ich glaube, dass er mit mir auch nach meinem Tod noch etwas vorhat. Und das wird gut sein.

Gott hat mit mir nach dem Tod noch etwas vor

Jetzt habe ich wieder ziemlich viel von Gott gesprochen. Das ist fast unvermeidlich bei diesem Thema. Immer und überall hat die Frage nach dem, was nach dem Tod kommt, die Menschen zu der Frage nach Gott geführt. Die Begegnung mit den Grenzen des Lebens lässt die Menschen danach fragen, ob es nicht mehr gibt – mehr als alles das, was man sehen, anfassen und mit dem Verstand begreifen kann. So ist die Philosophie entstanden und auch die Religion. Während die magischen Momente mitten im Leben die Frage aufkommen lassen, ob es nicht mehr gibt als das, was man zählen und messen kann, stellt der Tod dieselbe Frage an der Grenze des Lebens. Und die Religionen geben ihre Antwort.

IN SICH GEHEN

IN SICH GEHEN

Stell dir vor, du hast dich im Wald verlaufen. Du weißt absolut nicht mehr, wo du bist, seit Stunden hast du keinen Menschen mehr getroffen. Was tust du?

- ➤ Ich gehe einfach weiter. Es kann gar nicht sein, dass ich mich verlaufen habe. Ich doch nicht!
- ➤ Irgendwann wird der blöde Wald schon aufhören. Ich gehe weiter.
- ➤ Ich setze mich auf den Boden und warte, bis der Wald weggeht oder jemand kommt, der mich herausführt.
- ➤ Ich kehre um und gehe zurück bis dahin, wo ich mich auskenne.

Vermutlich hast du die letzte Möglichkeit gewählt. Es ist ja wohl auch das Vernünftigste, was du in so einer Situation machen kannst. Die anderen Möglichkeiten sind reichlich absurd: Der Wald wird sicher nicht von allein weggehen. Einen Menschen, der sich nie irrt, habe ich auch noch nicht kennen gelernt. Und einfach immer weiter zu gehen, ohne irgendeine Ahnung zu haben, wohin der Weg tatsächlich führt, ist ziemlich hirnrissig.

Aber im wirklichen Leben kommt das ziemlich oft vor, dass ein Mensch immer weiter geht, auch wenn er merkt, dass er sich verrannt hat. »Umkehren? Nie! Da müsste ich ja zugeben, dass ich mich geirrt habe. Vielleicht müsste ich sogar jemand um Hilfe bitten. Nein, nein, kommt nicht in Frage. Ich hab auch meinen Stolz.« Kommen dir diese Sätze bekannt vor?

Es gibt die Geschichte von dem Piloten, der einen neuen Jet ausprobiert und sich beim Tower meldet: »Ich habe die Orientierung verloren und keine Ahnung, wo ich hinfliege. Aber ich komme rasend schnell voran!«

Manchmal kann man das Gefühl bekommen, es wäre eine Schande, umzukehren und zuzugeben, dass man sich vertan hat. Sehr deutlich zeigen das unsere Politiker. Hast du schon einmal aus dem Mund eines Politikers einen Satz gehört wie diesen: »Tut mir Leid, ich habe mich geirrt«? Oder gar: »Ich habe eine falsche Entscheidung getroffen, ich muss meine Meinung ändern«? Kaum vorstellbar, nicht wahr? So, als wäre es ein Zeichen von besonderer Charakterstärke, immer weiter in der Richtung zu gehen, die man einmal gewählt hat.

Ich bin der festen Überzeugung, dass das Gegenteil wahr ist. Es ist eher ein Zeichen von Schwäche, wenn jemand einen Irrtum nicht eingestehen kann. Wer wirklich stark und unabhängig ist, der kann auch leicht einmal zugeben: Das war falsch, das war vielleicht sogar dumm, was ich gemacht habe. Na und, was ist denn so schlimm daran, einen Fehler zu machen? Unsere Fehler und Irrtümer sind unsere besten Lehrer, wenn – ja, wenn wir bereit sind, etwas zurückzunehmen, einen Irrtum einzugestehen, uns vielleicht auch zu entschuldigen.

Einen Irrtum zugeben

Manchmal enthalten Sprichwörter auch wichtige Wahrheiten. »Irren ist menschlich«, lautet einer von diesen wichtigen, wahren Sätzen. Nur Computer machen keine Fehler – wenn sie richtig programmiert sind. Computer können aber halt auch nur eins und eins zusammenrechnen. Und weil sie das so wahnwitzig schnell können, erscheinen sie uns so überlegen. Aber wenn der Programmierer einen noch so kleinen Fehler ins Programm geschrieben hat, kann der Computer seine Aufgaben nicht lösen, und er kann den Fehler nicht selbst einsehen oder gar beheben. Das können nur Menschen.

Unsere Fehler, Irrwege, Sackgassen, unsere Verwundungen und Niederlagen sind unsere wichtigsten Lehrmeister. Wenn wir es schaffen, dazu zu stehen. Wenn wir nicht nach dem Motto »Weiter so!« funktionieren, sondern die menschliche Größe haben, umzukehren und einen neuen Weg zu suchen, der aus dem Wald herausführt.

Damit sind wir wieder bei David, dem Helden unserer Geschichte. Sehr heldenhaft sieht er im Moment nicht aus, wie er da so im Schweinekoben steht, mit knurrendem Magen, und sich nicht einmal etwas von dem Schweinefraß gönnen darf, mit dem die Viecher gefüttert werden.

Hier steht ein schöner Satz in der Geschichte: »Er ging in sich.« Man kann förmlich sehen, wie er sich in sich verkriecht, nachdenkt, alles hin und her

wälzt: »Welche Möglichkeiten habe ich noch? Weiter so? Geht nicht. Umkehren? Aber wohin?« David erforscht sich selbst. »Weshalb bin ich überhaupt von zu Hause fort? Was habe ich mir erhofft? Was habe ich mir erträumt? Und was davon habe ich verwirklichen können? Was habe ich falsch gemacht? Was war – trotz allem – richtig, was will ich behalten und mitnehmen von meinem Weg?« Und vor allem: »Was kann ich jetzt tun?«

Und er fasst einen Entschluss, der ihm sicher nicht leicht fällt, aber der zeigt, dass er eine ganze Menge dazugelernt hat. Denkbar wäre ja, dass er nach Hause geht, so tut, als sei nichts gewesen. Dass er seine Füße wieder unter den Tisch streckt und auf Kosten des Vaters und des großen Bruders lebt. Zumindest versuchen könnte er es. Aber das tut er nicht. Bei seiner Reise in sein eigenes Inneres ist ihm klar geworden, dass er einiges verkehrt gemacht hat. »Vater, ich bin vor Gott und dir schuldig geworden«, will er sagen. In modernerer Sprache würden wir vielleicht sagen: »Ich habe gemerkt, dass ich vieles falsch gemacht habe. Ich habe die Chancen vertan, die du mir gegeben hast. Ich habe meine Talente, meine Begabungen, mein Erbe nicht genutzt.«

Wohl gemerkt: Es war nicht verkehrt, dass er aufgebrochen ist. Das bleibt auch in diesem Moment klar. Nein, es war richtig, hinauszugehen. Es war zum einen Davids gutes Recht, und zum anderen war es eben sein Weg. Er hat schöne und wichtige Erfahrungen gemacht, aber das war noch nicht alles.

Und nun fällt es ihm bestimmt nicht leicht umzukehren. Er hat ja nichts mehr. Ich könnte mir vorstellen, dass ein anderer an seiner Stelle sagen würde: »Alles würde ich tun, nur nicht nach Hause gehen zu meinem Alten. Wie sähe das denn aus! Ich wäre das Gespött von allen. Nie im Leben!« Ich glaube, David fürchtet gar nicht so sehr, dass er zu Hause nicht wieder aufgenommen wird. Dass man ihn hochkant rausschmeißt. Ich erinnere mich gut an eine Reli-Stunde in einer neunten Klasse, die ich einmal zu halten hatte. Da war die Geschichte vom »Verlorenen Sohn« dran, und ich wollte den Schülern vermitteln, wie toll doch dieser Vater ist, dass er seinen missratenen Sohn wieder aufnimmt. Aber da lag ich total schief. Für die Schülerinnen und Schüler meiner Klasse war das eine Selbstverständlichkeit. »Na klar würde mein Vater mich wieder reinlassen, wenn ich vor der Tür stände. Wo ist das Problem? Was soll diese komische Geschichte?« – So waren die Reaktionen.

Umkehren?

Das habe ich also von meinen Schülerinnen und Schülern gelernt: Das Erstaunliche an der Geschichte ist nicht, dass der Vater den Sohn wieder aufnimmt. Das Erstaunliche ist eher, dass der Sohn seinen Stolz loslässt und tatsächlich ins Elternhaus zurückkehrt. Und das eben nicht mit einer Forderung: »Ich bin dein Sohn, du musst mich jetzt wieder durchfüttern!« Sondern in dem Bewusstsein, dass er seinem Vater gegenüber keine Rechte hat. Er hat von ihm genommen, was er zu kriegen hatte. Er stellt keine Ansprüche mehr. Er hofft nur noch, gegen Lohn irgendwelche niederen Dienste verrichten zu dürfen. Er hat die Gesetze des Lebens gelernt.

Diese Art von Umkehr ist schwierig. Und es ist gerade kein Zeichen von Schwäche, dass David diesen Schritt tut. Es erfordert eine Menge innerer Stärke, sich so zu zeigen, wie er nun ist: verarmt und verkommen. Wie ein Versager, der alles verspielt hat. Was erwartet er sich? Sicher nicht, dass er wieder den Juniorchef mimen kann. Eher dass er gerade mal den Stall ausmisten darf; und selbst der unfähigste Stallbursche kann sich noch über ihn lustig machen und ihn treten, wenn ihm danach ist. Aber er weiß: Das ist die einzige Chance, die er hat. Und die verbaut er sich nicht durch falschen Stolz.

Was von David erzählt wird, ist ein Bild, das auf alle Menschen passt. Wir alle verrennen uns immer wieder. Das gehört einfach dazu zum Menschsein. Was aber nicht alle schaffen, ist dieses In-sich-Gehen, dieses Umkehren. Viele rennen einfach immer tiefer in den Wald hinein, wenn sie sich verlaufen haben. Viele haben Angst, einen Irrtum einzugestehen. Viele sind zu stolz. Viele sind einfach blind und merken es gar nicht, dass sie auf dem Holzweg sind.

Dabei macht gerade das einen Menschen aus. Ein Computer kann nicht umkehren. Wenn er falsch programmiert ist, macht er immer wieder denselben Fehler. Bis in alle Ewigkeit. Bis ein Mensch kommt und ihn abschaltet oder umprogrammiert. Irren ist menschlich, und Umkehrenkönnen auch. Du hast immer wieder die Möglichkeit, von vorn anzufangen.

Das war die Botschaft, die Jesus den Menschen sagte:
Du bist nicht bis in alle Ewigkeit festgenagelt
auf deine Fehler und Irrtümer,
auf deine Dummheiten und Gemeinheiten.
Du kannst von vorn anfangen. Du kannst umkehren.

Das ganze Leben von Jesus, alles, was er gesagt hat, läuft darauf hinaus: Du kannst umkehren. Heute noch. Deswegen waren in seiner Umgebung so viele gescheiterte Existenzen zu finden. Betrüger und Versager, Bettler und Huren, also Frauen, die – sicher nicht aus Spaß, sondern aus purer Not – auf den Strich gegangen waren.

Die meisten Menschen verhalten sich anders als Jesus. Wenn einer mal auf der Verliererseite ist, hat er nichts mehr zu melden. »Wer einmal lügt, dem glaubt man nicht, und wenn er auch die Wahrheit spricht« – auch so ein Sprichwort, das ganz gut beschreibt, was im täglichen Leben Sache ist. »Hast du was, dann bist du was. Hast du nix, bleibst du nix.« Das ist unsere tägliche Erfahrung. Aber Jesus wollte sich nicht zufrieden geben mit der täglichen Erfahrung. Er suchte gerade die Menschen, die hinten runtergefallen waren, und gab ihnen die Möglichkeit, neu anzufangen. Dass er sich damit nicht nur Freunde gemacht hat, ist wohl auch klar.

ZU HAUSE

ZU HAUSE

David ist nicht wohl in seiner Haut, als er sich seinem Elternhaus nähert. Aber es kommt alles anders, als er es sich in seinen kühnsten Träumen hätte vorstellen können. Sein Vater kommt ihm entgegengelaufen, er schließt ihn in die Arme und will keine Entschuldigungen hören. Kein Vorwurf, keine Herablassung, kein Ekel vor den Lumpen und dem Dreck. Er lässt alles liegen und stehen und organisiert auf der Stelle ein Fest. »Mein Sohn war tot und ist wieder lebendig geworden«, so sagt er. Und wenn das kein Grund zum Feiern ist!

Damit Neues entsteht

Genau dieselben Worte sagen die Erwachsenen bei den Ureinwohnern Amerikas oder Australiens, wenn ein junger Mensch von seiner Visionssuche zurückkommt. Es ist wirklich so: Er ist gestorben, er ist wieder geboren worden. Das Kind ist gestorben, der erwachsene, gereifte Mensch ist geboren. Das ist nicht ohne Schmerzen abgegangen. Sterben ist nicht lustig. Aber es ist notwendig, damit etwas Neues entstehen kann. Damit aus einem Samenkorn ein Baum werden kann, muss das Samenkorn »sterben«. Es kann nicht so bleiben, wie es ist. Es quillt auf, die Schale platzt, es verändert seine Form, und am Ende ist von dem ursprünglichen Samenkorn nichts mehr zu sehen. Damit aus einer Raupe ein Schmetterling werden kann, muss die Raupe »sterben«. Raupe und Schmetterling können nicht gleichzeitig existieren.

Der Vater hat es erkannt: Aus seinem eigensinnigen Sohn, der nur an sich selbst gedacht hat und nie zufrieden war mit dem, was er hatte, ist ein Erwachsener geworden. Seine Erfahrungen haben ihn reifen lassen: die Verschwendung und die Entbehrung, die Lust und das Leid. Deswegen lässt er seinem Sohn ein Festgewand bringen und den Ring anstecken. Dieser Ring ist nicht irgendein Schmuckstück, sondern der Siegelring, mit dem er alle Geschäfte abschließen und beurkunden kann. Er überträgt seinem Sohn sozusagen die Prokura, die Unterschriftsvollmacht. Er lässt ihn nicht den Stall sauber machen. Das hat der Junge schon zur Genüge getan, für einen fremden Herrn, um einen Hungerlohn.

David hat die Gesetze des Lebens gelernt. Deswegen kann er nun eine Erfahrung machen, die diese Gesetze wieder auf den Kopf stellt: Dass sein Vater aus Freude und aus Liebe zu ihm gerade nicht nach den Grundsätzen handelt, die sonst allgemein zu gelten scheinen: »Wer seine Chance hatte, kriegt keine zweite« und dergleichen.

Ich wette, der Vater erinnert sich an sein eigenes Leben. Davon steht zwar nichts in der Geschichte, die Jesus erzählt hat. Aber ich kann es mir nur so vorstellen: Der Vater ist in seiner Jugend auch von zu Hause weggegangen, er hat auch das Leben kennen gelernt in seinen Höhen und Tiefen, er ist auch auf die Nase gefallen – und ist daran gewachsen. Er ist seine eigenen kleinen Tode gestorben, ist umgekehrt und wieder lebendig geworden. Er hat selbst erfahren, wie gut es tut, wenn man nicht auf seine Fehler, sein Versagen und seine schlechten Erfahrungen festgenagelt wird, sondern eine neue Chance bekommt. Er hat seine Lektion gelernt, und deswegen kann er seinen Sohn so voll Freude in die Arme schließen und ihm solche Achtung erweisen.

Und der ältere Bruder? Der kommt abends vom Feld heim, hört die Musik und das Gelächter, und er beschwert sich bitterlich: »Ich war immer brav zu Hause, hab mir den Buckel krumm geschuftet, und du, Vater, hast mir nie auch nur einen mickrigen Ziegenbock überlassen, damit ich mit meinen Freunden feiern kann. Und jetzt kommt der Kleine zurück, der dein Geld versoffen und verhurt hat, und du tischst auf, was Küche und Keller zu bieten haben, und feierst eine Riesenfete. Das ist so was von ungerecht!«

Irgendwie ist das auch verständlich. Viele identifizieren sich mit dem älteren Bruder und sagen: »Ja, das Leben ist ungerecht. Die ordentlichen Leute bringen es zu nichts, und die Schlitzohren bekommen alles nachgeworfen.«

Der Vater versteht den älteren Sohn auch. Aber er sagt ihm etwas Interessantes: »Mein Sohn«, sagt er, »alles, was mir gehört, gehört dir doch auch.« Mit anderen Worten: Weshalb hast du auf meine Erlaubnis gewartet, wenn du mit deinen Freunden feiern wolltest? Weshalb hast du dir nicht einfach genommen, was dir zusteht und was dir gehört? Wenn du dir selbst nie etwas gegönnt hast, mach das doch bitte nicht mir zum Vorwurf. Und vor allem: Wenn du mit dir selbst knauserig bist, ist das deine Sache. Erwarte nicht von mir, dass ich deine Maßstäbe übernehme und auch knauserig bin – besonders, wenn dein Bruder zurückgekommen ist, der tot war und wieder lebendig geworden ist. Lass das Schmollen und komm, feiere mit uns! Und noch etwas: Gönn dir das nächste Mal, wenn du Lust zum Feiern hast, alles, wonach dir ist. Es gehört dir.

Es steckt aber noch mehr hinter der Haltung des älteren Bruders als nur der Neid. Weshalb ist er selbst nicht aufgebrochen? Weshalb hat er sich nichts gegönnt? Ich denke mir, da steckt auch Angst dahinter, die Angst vor dem Unbekannten, vor den kleinen Toden, die draußen auf einen warten. Er hat sich selbst um die Chance gebracht, erwachsen und reif zu werden. So muss er festhalten an seinem kleinlichen, neidischen Egoismus, der dem Bruder das Fest nicht gönnt. Dabei hat er eines übersehen: Die kleinen Tode, die warten nicht nur draußen. In dem Augenblick, wo er sieht, wie das Fest für seinen missratenen jüngeren Bruder gefeiert wird, bricht auch in ihm etwas zusammen, stirbt ein Teil von ihm. Wir können den kleinen Toden nicht entgehen, und das ist gut so. Denn nur sie lassen uns menschlich vorankommen. Wenn wir bereit und in der Lage sind, aus ihnen zu lernen, an ihnen zu wachsen.

Vielleicht gelingt es ihm ja, über seinen Schatten zu springen. Vielleicht lässt er sich darauf ein, mit den anderen zu feiern. Jesus hat das Ende der Geschichte offen gelassen, er erzählt wohl ganz bewusst nicht, ob der ältere Bruder die Einladung seines Vaters angenommen hat. Und ich hoffe für den Älteren, dass er es schafft. Und dass er eines Tages selbst auch aufbricht auf seine eigene Heldenreise, seinen eigenen Weg sucht. Das kann ein ganz anderer Weg sein. Er muss nicht unbedingt Haus und Hof verlassen. Aber er muss seine eingefleischten Ansichten verlassen, seine Überzeugungen von dem, was richtig und falsch, was gerecht und ungerecht ist. Er muss sich selbst in Frage stellen, in sich gehen. Das geht sicher nicht ohne Blessuren ab, ohne Narben, ohne kleine Tode. Wer nur Sicherheit anstrebt und um jeden Preis die Verletzungen vermeiden will, die das Leben so mit sich bringt, der vertrocknet und verbittert. »Wer sein Leben liebt, wird es verlieren.«

Über den eigenen Schatten springen

Der jüngere Bruder ist seinen Weg gegangen. Und er ist nach Hause gekommen. Ich habe jetzt ganz bewusst nicht geschrieben: Er ist nach Hause *zurück*gekehrt. Denn eigentlich ist er jetzt erst wirklich zu Hause. Das Zuhause, in dem er angekommen ist, ist ein ganz anderes als das, welches er verlassen hat. Das liegt daran, dass er selbst sich verändert hat. Er ist nicht mehr derselbe – er ist gestorben und wieder lebendig geworden als ein neuer Mensch.

Und im Übrigen hoffe ich, dass er sich auf diesen Lorbeeren nicht ausruht. Sicher darf er sich jetzt eine Ruhepause gönnen, darf sein neues Leben genießen. Aber die Bereitschaft, sich auf Neues einzulassen, wenn das Leben es von ihm fordert, die wünsche ich ihm weiterhin. Das ist nicht selbstverständlich. Es gibt leider allzu viele Menschen, die völlig vergessen, dass sie selbst einmal unterwegs waren, dass sie für ihre Ideale gekämpft und ihren eigenen Weg gesucht haben. Sobald sie zu Hause angekommen sind, igeln sie sich ein und verteidigen mit der Zeit nur noch das, was sie erreicht haben. Sie haben Angst vor Veränderung und vor den Menschen, die etwas anders machen wollen. Sie haben vergessen, dass sie selbst einmal jung waren.

Und es gibt alte Menschen, die das nicht vergessen haben. Die immer noch bereit sind, ja, die Lust haben, sich auf Neues einzulassen. Die auch im Alter die Wahrheit nicht verlernt haben, dass wir nur durch die kleinen Tode lebendig bleiben. Und die sich dann vielleicht sogar auf den großen Tod ein bisschen freuen, ein bisschen neugierig sind: Was wird mir dieses Abenteuer bringen? Was wartet hinter dieser Tür auf mich? Mit den Worten von Hermann Hesse:

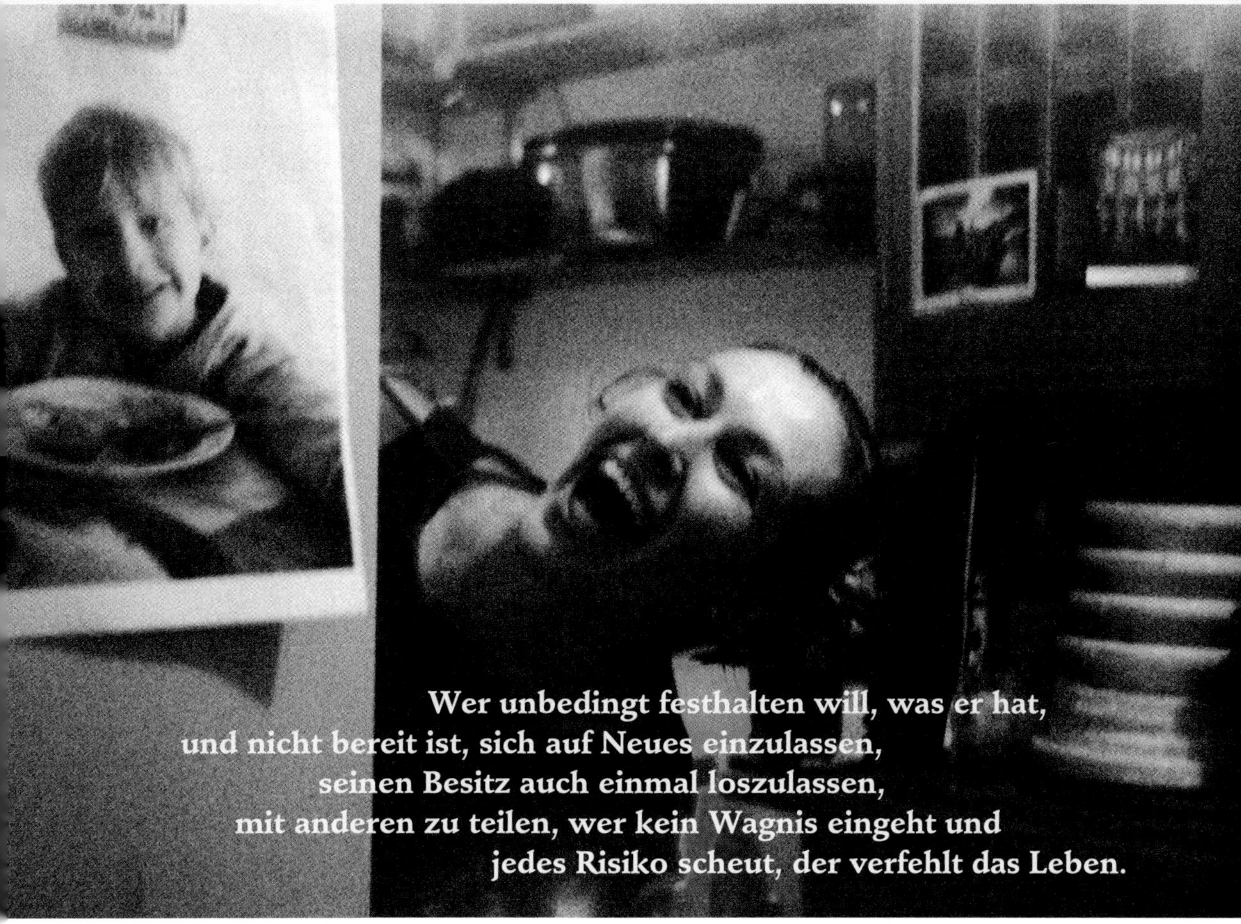

Es wird vielleicht auch noch die Todesstunde
Uns neuen Räumen jung entgegensenden.
Des Lebens Ruf an uns wird niemals enden ...
Wohlan denn, Herz, nimm Abschied und gesunde!

Und der Kreis schließt sich. Oder: Die Spirale kehrt scheinbar zum Ausgangspunkt zurück. Doch sie hat sich eine Etage nach oben geschraubt.

ES MUSS DOCH MEHR ALS ALLES GEBEN

ES MUSS DOCH MEHR ALS ALLES GEBEN

Ich möchte mit dir ein letztes Mal über David nachdenken. Inzwischen ist er uns ja ein vertrauter Weggefährte geworden ... Ich stelle mir noch einmal vor, wie er in seinem Schweinekoben sitzt, mit knurrendem Magen und zerbrochenen Träumen. Wie kommt er in dieser Situation eigentlich dazu, zu seinem Vater zu gehen? Eins scheint mir klar zu sein: David hat irgendwie doch damit gerechnet, dass sein Vater ihn nicht hochkant hinausschmeißt, wenn er zerlumpt und verdreckt und ohne einen Cent in der Tasche ankommt. Wahrscheinlich hat es ihn überrascht, *wie* er aufgenommen wird: mit Freude und voller Überschwang. Aber *dass* er zu Hause nicht rausfliegt, damit hat er wohl doch gerechnet. Ein gewisses Vertrauen hatte er wohl doch. Und damit sind wir bei einem der wichtigsten Begriffe im Leben überhaupt: dem Vertrauen.

Ohne Vertrauen hätte David überhaupt nicht aufbrechen können: Vertrauen in die eigenen Fähigkeiten, in seinen eigenen Weg, in das Leben. Irgendwo in ihm ist die Überzeugung, dass es sich lohnt, dass das Leben gut ist und dass ihm gelingt, was er sich vornimmt. Oder dass er jedenfalls nicht ganz verloren gehen kann.

Dieses Vertrauen ist eine wichtige und unentbehrliche Grundlage für Freiheit. Wie schafft es David aufzubrechen? Wie schafft er es, die Fesseln der Bequemlichkeit und des Konformismus abzuschütteln, aufzubrechen und sein eigenes Leben zu suchen? Ich glaube, das geht nur, weil er in sich drin die Überzeugung hat, dass es gut gehen wird. Dass sein Leben einen Sinn hat, und dass ihm letztlich nichts passieren kann, egal, was passiert.

Es wird gut gehen

Wer dieses Vertrauen als Kind mitgekriegt hat, der ist gut dran. Was ist aber, wenn du dieses Vertrauen nicht hast? Was tust du, wenn du immer wieder die Erfahrung gemacht hast, dass diese Welt kein sicherer Ort ist? Dass du niemandem vertrauen kannst, weil sie dich haben fallen lassen? Das ist eine gute Frage, und es gibt keine einfache Antwort darauf – wie auf alle guten Fragen. Trotzdem will ich eine Antwort versuchen. Ich glaube nämlich, dass du Vertrauen ins Leben, in die Welt – und auch in Gott lernen kannst. Natürlich gibt es dafür kein Rezept und keinen Lehrplan. Aber ich kann versuchen, dir einige Hinweise zu geben, so wie Wegweiser. Der Wegweiser zeigt die Richtung an. Den Weg musst du dann aber doch selbst finden.

Wohl das Wichtigste in diesem Zusammenhang ist, dass du dir klar machst:

**Alle Menschen suchen das Glück,
alle wollen glücklich und zufrieden leben.
Aber es gibt keinen Anspruch darauf, glücklich zu sein.
Viele Menschen werden allein dadurch unglücklich,
dass sie diesen Anspruch festhalten:
Ich sollte glücklich sein.
Ich habe das Recht, glücklich zu sein.**

In meinem Leben muss alles glatt gehen. Und wenn nicht alles glatt geht, dann klagen sie Gott oder das Schicksal an – oder ihre Eltern, ihre Lehrer, ihre Vorgesetzten. Die glücklichsten Menschen sind aber oft die, die das Leben so nehmen, wie es kommt, wie es eben ist. Mit Höhen und Tiefen, mit Schmerzen und mit Jubel, mit Verlust und kleinen Toden und mit Momenten unbändiger Freude.

Ich bin etwas Besonderes

»Ich bin etwas Besonderes« – ja, das stimmt. Du bist etwas Besonderes. Ein Original, kein Fließbandfabrikat. Aber das heißt nicht, dass es dir deswegen immer auch besonders gut gehen muss. Es wird in deinem Leben Dinge geben, die dir nicht gefallen, die du nicht ändern kannst. Ein glücklicher Mensch ist einer, der diese Dinge annehmen kann. Das heißt nicht, dass du dich ergeben in ein unabänderliches Schicksal fügen musst. Aber es

heißt, die Dinge erst einmal so zu nehmen, wie sie sind. Und nicht ständig damit zu hadern, dass sie nicht so sind, wie du es dir wünschst.

Es gibt einen alten Spruch, ein Gebet, von dem niemand so genau weiß, von wem es stammt:

Gott, gib mir die Gelassenheit,
die Dinge anzunehmen,
die ich nicht ändern kann.
Gib mir den Mut,
die Dinge zu ändern,
die ich ändern kann,
und gib mir die Weisheit,
das eine vom anderen zu unterscheiden.

Es geht also nicht darum, einfach alles kritiklos hinzunehmen.

**Aber es geht darum,
anzunehmen, was nicht zu ändern ist.
Wer das nicht kann,
vergeudet sinnlos seine Energie.**

Und er lebt nicht wirklich in der Realität, sondern in einer Wunschwelt, in der Welt der Illusion. Er sagt: »Es soll aber nicht so sein, wie es ist.« Wer wirklich aus dem Vertrauen lebt, der sagt: »Es ist, wie es ist.« Dieser Satz, so einfach er klingt, ist einer der schwierigsten Sätze überhaupt.

**Nur, wer wirklich akzeptiert hat,
dass die Dinge so sind, wie sie sind,
kann dann auch die Weisheit entwickeln, zu erkennen,
was veränderbar ist und was nicht.**

Der Mut, etwas zu verändern, läuft ins Leere, wenn ich nicht zuerst die Realität angenommen habe. Zu allererst heißt das, ich nehme mich selbst so an, wie ich eben bin. Nicht so sexy wie ein Superstar, nicht so sportlich wie ein Fußballprofi, nicht so schlau wie Einstein. Sondern so wie ich: mit meinen Macken und meinen Stärken. Und dann kann ich auch meine Mitmenschen annehmen und meine Lebensumstände – oder eben den Mut und die Kraft finden, zu verändern, was sich verändern lässt.

Gelassenheit, Mut, Weisheit – das sind die Hauptbestandteile einer lebendigen, guten Spiritualität. Mit Spiritualität meine ich eine Einstellung, die in und hinter den Dingen das »Mehr als alles« entdeckt. Wirkliche Spiritualität hat auch ganz viel mit Freiheit zu tun. Mit Zwang kann man einen Menschen zwar dazu bringen, in die Kirche zu gehen, Gebote zu halten und ein Leben nach den Regeln irgendeiner Religion zu führen. Aber wie kann man mit Zwang so etwas hervorrufen wie Liebe? Und Liebe ist der Kern der Spiritualität – Liebe zum Leben, zu sich selbst, zu den Menschen, zu Gott, zur Welt.

Jesus – einer der freiesten Menschen überhaupt

Ich bin überzeugt davon, dass Jesus einer der freiesten Menschen war, die je gelebt haben, und einer der fantasievollsten und glücklichsten dazu. Und es ist ein Jammer und eine Schande, dass ausgerechnet in seinem Namen so viel an Unterdrückung und Langeweile in die Welt gekommen ist. Jesus lebte ganz stark aus dem Vertrauen auf Gott, den er seinen »Vater im Himmel« nannte. Er spürte eine tiefe Verbindung zu diesem Vater, und die ermöglichte es ihm, seinen ganz eigenen Weg zu gehen. In gewisser Hinsicht ist die Geschichte von David eigentlich auch die Geschichte von Jesus. Auch Jesus ist aufgebrochen und hat seinen eigenen Weg gesucht. Er hat sein Elternhaus verlassen, ist nicht die vorgezeichneten Bahnen gegangen. Er als der älteste Sohn hätte natürlich die Werkstatt seines Vaters übernehmen müssen. Stattdessen brach er auf, schloss sich einem Wanderprediger an, meditierte lange Zeit in der Wüste und fing schließlich selbst an, im Land herumzuziehen und mit den Leuten zu sprechen. Im Matthäusevangelium gibt es drei Kapitel, in denen zusammengefasst ist, was Jesus den Leuten seiner Zeit – und auch uns – zu sagen hat. Dieser Abschnitt, die Kapitel 5 bis 7, trägt den Namen »Bergpredigt« und gehört zum Schönsten und Wichtigsten, was es an religiöser Literatur überhaupt gibt, zum Beispiel die Worte über die Feindesliebe (Seite 108). Ich zitiere einen längeren Abschnitt, in dem von der Freiheit und dem Vertrauen die Rede ist:

»Macht euch keine Sorgen um Essen und Trinken und um eure Kleidung. Das Leben ist mehr als Essen und Trinken, und der Körper ist mehr als die Kleidung. Seht euch die Vögel an! Sie säen nicht, sie ernten nicht, sie sammeln keine Vorräte – aber euer Vater im Himmel sorgt für sie. Und ihr seid ihm doch viel mehr wert als alle Vögel! Wer von euch kann durch Sorgen sein Leben auch nur um einen Tag verlängern?

Und warum macht ihr euch Sorgen um das, was ihr anziehen sollt? Seht, wie die Blumen auf den Feldern wachsen! Sie arbeiten nicht und machen sich keine Kleider; doch ich sage euch: Nicht einmal der sagenhafte König Salomo bei all seinem Reichtum war so prächtig gekleidet wir irgendeine von ihnen. Wenn Gott sogar die Feldblumen so ausstattet, die heute blühen und morgen verbrannt werden, wird er sich nicht erst recht um euch kümmern? Habt doch mehr Vertrauen!

Macht euch also keine Sorgen! Fragt nicht: Was sollen wir essen? Was sollen wir trinken? Was sollen wir anziehen? Damit plagen sich die Menschen, die Gott nicht kennen. Euer Vater im Himmel weiß, dass ihr all das braucht. Sorgt euch zuerst darum, dass ihr eine gute, vertrauensvolle Beziehung zu ihm habt, dann wird er euch schon mit all dem anderen versorgen. Quält euch nicht mit Gedanken an morgen; der morgige Tag wird für sich selber sorgen. Ihr habt genug zu tragen an der Last von heute.«

Und für die Menschen, die sich auf dieses Vertrauen einlassen, sind dann noch weitere Worte hinzugefügt, in denen es um das richtige Verhalten geht. Zum Beispiel das berühmte Wort: »Wenn dich einer auf die rechte Backe schlägt, halt ihm auch die linke hin!« Das klingt unmöglich. Da würde ich ja ausgenützt, da könnten die Leute ja mit mir machen, was sie wollen. Stimmt. Aber Jesus war so frei, dass es ihm egal war, ob er ausgenützt wird. Er wusste, dass ein Streit nur dann aufhören kann, wenn einer der beiden Streithähne aufhört zurückzuschlagen. Sein tiefes Vertrauen ins Leben hatte in ihm die Gewissheit entstehen lassen, dass es nicht darauf ankommt, wer gewinnt. Sondern darauf, dass alle im Frieden miteinander leben.

Ich glaube aber auch, dass Jesus erst ein gutes Stück seiner »Heldenreise«, seines ganz eigenen Weges, zurücklegen musste, bevor er in der Lage war, solche Worte zu sagen – und selbst danach zu leben. Er hat seine Freiheit ausgekostet und seine eigene Wahrheit gefunden.

Und deswegen bin ich der Überzeugung, dass es in spiritueller Hinsicht gar nichts bringt, nur nach irgendwelchen Vorschriften zu leben, und seien es auch die ganz wichtigen und richtigen Gebote und Regeln der Bergpredigt.

Nach Vorschriften zu leben
bringt nur etwas,
wenn ich es aus freiem Entschluss tue.

Wenn ich die Freiheit habe, einmal auch etwas anders zu machen. Wenn ich meinen eigenen Weg gehe. Vorschriften, Regeln und Gebote können dabei Wegweiser und Leitplanken sein, aber den Weg muss ich selbst finden – und gehen.

Ich möchte dir noch ein Buch empfehlen: »Stein und Flöte« von Hans Bemmann. Darin ist die Geschichte von Lauscher aufgeschrieben, eine lange Geschichte von einem, der seinen eigenen Weg sucht, mit vielen Irrwegen, Sackgassen und Enttäuschungen – aber es ist wirklich *sein* Weg. In diesem Buch kommt auch eine Gestalt namens Arni vor, ein sehr weiser Mann. Obwohl er zu den »Beutereitern« gehört, einer räuberischen Gruppe von Steppenreitern, beteiligt er sich nicht an den Beutezügen seines Clans. Er begegnet allen Menschen absolut friedlich und ohne den Wunsch, ihnen zu schaden oder sie zu irgendetwas zu zwingen. Gerade dadurch verhilft er ihnen, ihren eigenen Weg zu finden. Arni hat eigentlich gar keine eigene Lehre; er hört den Menschen nur zu – und bringt sie so dazu, über das, was sie sagen und meinen, noch einmal nachzudenken. Er hat grundsätzlich gegenüber allem (auch sich selbst) eine gesunde Portion Skepsis und tut nichts, weil »man« es halt so tut.

Eines Tages stirbt Arni. Sein Stamm bewahrt sein Andenken in Ehren, und einige nehmen ihn sich zum Vorbild. Aber was tun sie? Sie übernehmen nicht seine grundsätzliche Vorsicht gegenüber allen Regeln und Vorschriften, sondern machen aus seinem Leben selbst ein System von Regeln und Vorschriften. Sie nennen sich »Arnis Leute«, verhalten sich aber vollkommen gegensätzlich zu Arnis Verhalten. Sie prüfen nicht alles und behalten das, was ihnen gut und sinnvoll erscheint, sondern sie tun stur Dinge, die Arni angeblich getan hat – ob es in ihre Lebenssituation passt oder nicht. Sie ahmen seine Handlungen nach, statt nach seiner Freiheit zu streben.

So ähnlich ist es mit Jesus gelaufen. Schon sehr bald haben seine Nachfolger die große Freiheit, die er ihnen vorgelebt hat, nicht mehr ausgehalten. Statt immer wieder neu zu schauen, was jetzt richtig und gut ist, haben sie aus bestimmten Worten von Jesus Vorschriften und Regeln gemacht, die immer und überall zu gelten haben. Wo Jesus so frei war zu sagen: »In der Bibel steht zwar das und das, aber ich sage euch etwas anderes«, da haben sie die Worte Jesu zu einem neuen, ehernen Gesetz gemacht. Und damit haben sie das, was Jesus wollte und lebte, auf den Kopf gestellt. Das ist nicht nur Jesus passiert. Jede Religion läuft Gefahr, aus der Frische des Neuanfangs abzugleiten in Enge und Starre, in Angst und pedantische Erfüllung von Regeln. Statt jedem Menschen die eigenen Erfahrungen und den eigenen Weg zu ermöglichen, wird allzu schnell ein Korsett aus Geboten und vor allem Verboten geschneidert, das keinen Raum für Freiheit lässt. Diese Korsett-Religion verlangt auch kein Vertrauen, sondern Gehorsam. Zum Glück gibt es immer wieder Menschen, die sich gegen das Korsett auflehnen und zu den Ursprüngen des Vertrauens und der Liebe zurückkehren. Da gibt es berühmte und große Namen wie *Franziskus von Assisi* oder *Hildegard von Bingen*, es gibt aber auch viele, viele unbekannte, kleine Leute, die unauffällig und für sich ihren eigenen Weg gegangen sind und ein paar Menschen in ihrer Umgebung geholfen haben, ebenfalls nach dem eigenen Weg zu suchen und ihn zu gehen.

Die Freiheit aushalten

In der Bibel nennt man solche Menschen, die zu den Ursprüngen von Freiheit, Vertrauen und Liebe zurückführen wollen, Propheten. Und bis heute gibt es solche Propheten: *Dietrich Bonhoeffer* zum Beispiel, der als Widerstandskämpfer im »Dritten Reich« von den Nazis umgebracht wurde, *Martin Luther King*, der für die Rechte der Schwarzen in den USA gekämpft hat und dafür ebenfalls ermordet wurde, oder *Mutter Teresa*, die in Kalkutta Sterbende pflegte, weil sie überzeugt war davon, dass gerade die Ärmsten der Armen eine unendliche Würde besitzen. Um ein Prophet zu sein, muss man keine göttlichen Stimmen hören. Es gehört nur dazu, die Quellen der Religion zu studieren und selbst nach der echten, unverfälschten Erfahrung zu suchen. So gesehen kann jeder ein Prophet sein. Und viele kleine Leute an vielen kleinen Orten, die viele kleine Dinge tun, können das Gesicht der Welt verändern – mit der richtigen Mischung aus Mut, Weisheit, Gelassenheit und Freiheit.

Mut – Weisheit – Gelassenheit – Freiheit

GUTE REISE!

Wir sind am Ende unserer Reise angelangt.
Natürlich war das nur eine kleine Etappe
auf deiner Lebensreise.
Für deinen Weg wünsche ich dir gute Erfahrungen
und schöne Begegnungen, einen weiten Himmel
über dir, ein weites Herz in dir
und festen Boden unter deinen Füßen.
Damit du in allen Schwierigkeiten immer wieder
den Mut findest weiterzugehen,
und damit du die sonnigen Seiten des Lebens
in vollen Zügen genießen kannst.